PRINCESAS
DE CRISTAL

ANA LÓPEZ RECALDE
IGNACIO LÓPEZ-GOÑI
AZUCENA DÍEZ SUÁREZ

PRINCESAS DE CRISTAL

© Ana López Recalde, 2019
© Azucena Díez Suárez, 2019
© Ignacio López-Goñi, 2019
© Fotografía de portada: Santiago Antón Aguinaga, 2019
© Arcopress, S.L., 2019

Primera edición: octubre de 2019

Reservados todos los derechos. «No está permitida la reproducción total o parcial de este libro, ni su tratamiento informático, ni la transmisión de ninguna forma o por cualquier medio, ya sea mecánico, electrónico, por fotocopia, por registro u otros métodos, sin el permiso previo y por escrito de los titulares del copyright».

Cualquier forma de reproducción, distribución, comunicación pública o transformación de esta obra solo puede ser realizada con la autorización de sus titulares, salvo excepción prevista por la ley. Diríjase a CEDRO (Centro Español de Derechos Reprográficos, www.cedro.org) si necesita fotocopiar o escanear algún fragmento de esta obra.

Editorial Arcopress • Colección Sociedad actual
Directora editorial: Isabel Blasco
Correctora: Maika Cano
Diseño y maquetación: Ana Cabello

Imprime: Kadmos
ISBN: 978-84-17828-16-5
Depósito Legal: CO-1360-2019
Hecho e impreso en España - *Made and printed in Spain*

A mis enfermeras de la cuarta planta y a «Jotas».

Índice

Los autores 11
Prólogo 13

A modo de introducción 17
El comienzo: los primeros signos 21
La primera visita 26
El estigma de la psiquiatría 31
La perfecta imperfección: ¿quién puede sufrir anorexia nerviosa? 37
Anorexia digital: lo que es y lo que no es internet 41
Dichosa talla 36 (o 38, o 40) 46
La presencia del padre 50
No eres nadie 52
París 55
El primer ingreso 57
El porqué de los ingresos 68
Mi gran tesoro: las amigas y la anorexia 71
Las recaídas: idas y venidas 74
Una visita al endocrino:
las complicaciones hormonales 79
Quiero ser modelo 82
Una visita al ISEM: escuálidas modelos 85
El antídoto contra la anorexia 88
Deja huella 90
El sentido 92

Yo por los míos
me meto en líos: la belleza de la mujer 94
Un consejillo (o varios) 97
Ella o yo 99
El cambio de rol 101
Fátima 105
El segundo ingreso 110
Queremos salvarles la vida 112
Lágrimas desordenadas 115
Ejercicio físico y anorexia 116
¡Basta ya! 119
La prevención es posible 121
«Llevas meses sin escribir…» 124
Mi ángel de la guarda 127
Una simple mirada 129
Nochebuena 2015 131
Falsos mitos y distorsiones cognitivas 134
No estás sola 136
«No te me rindas, mi vida» 138
Acepta tu cuerpo 142
He sido una hipócrita 144
Engaños y purgas 146
«¡Adiós, batido, adiós!» 148
Los cuatro fantásticos 151
A ti: mi anorexia 153
La emoción del cierre 155
Vuelve cuando quieras 156

Apéndice 161
   Libros recomendados 161
   Recursos online y páginas web 162

Los autores

ANA LÓPEZ RECALDE (Pamplona, 1999) es la pequeña de cinco hermanos. Estudiante de Enfermería (International Nursing Program) en la Universidad de Navarra. Ha colaborado en programas de voluntariado en distintas ONGs.

IGNACIO LÓPEZ-GOÑI (Pamplona, 1962) es el padre de Ana. Doctor en Biología, es profesor de Microbiología y Virología en la Universidad de Navarra. Compagina sus tareas docentes e investigadoras con una intensa actividad de divulgación científica a través de blogs y redes sociales. Es autor de *Virus y pandemias, ¿Funcionan las vacunas?* (premio Prismas 2018) y *Microbiota: los microbios de tu organismo*.

AZUCENA DÍEZ SUÁREZ (Asturias, 1974) es la doctora que ha estado atendiendo durante estos años a Ana. Es madre de dos niños, especialista en Pediatría y Psiquiatría, Doctora en Medicina, y profesora de Psiquiatría y Psicología en la Universidad de Navarra. Su labor como psiquiatra de niños y adolescentes se complementa con la docencia y la investigación. Es autora de varios artículos científicos y divulgativos, así como de capítulos de varios libros. Es presidenta de la Sociedad de Psiquiatría Infantil de la Asociación Española de Pediatría.

NOTA: este libro está escrito por los tres autores a la vez. Cada uno aporta su propia visión y experiencia de la enfermedad.

Prólogo

Sufrir un trastorno de alimentación es una experiencia vital y emocional que puede llegar a ser devastadora para el adolescente y también para su familia, especialmente, cuando la enfermedad se presenta en su forma más grave. Sin embargo, muchas veces, una vez transcurrido un tiempo oportuno y con la curación conseguida, algunas pacientes necesitan explicar su experiencia o «hacer algo para evitar que otros tengan que pasar por esto». Habitualmente son las más valientes y enérgicas y sobre todo las que no quieren que su sufrimiento quede en saco roto. Muestran una gran generosidad y honestidad poniendo al descubierto su sufrimiento, sus encubrimientos y conflictos... ¡son unas supervivientes!

Sabemos que difundir el testimonio de personas que han sufrido alguna enfermedad es la forma más útil de reducir el estigma social que producen algunos trastornos. Los trastornos del comportamiento alimentario son estigmatizados con frecuencia en tanto que son trastornos mentales y enfermedades relacionadas con el peso que, por sí mismo, es una condición que puede definir a distintos grupos de personas y, por tanto, generar estereotipos. Las atribuciones de responsabilidad personal generan culpa en la persona que sufre anorexia nerviosa, aunque menos que en bulimia y trastorno por atracón, dado que las AN (Anorexia Nerviosa) son percibidas como más autodisciplinadas. No obstante, hacia la anorexia hay cierta «deseabilidad» y «admiración» especialmente desde los iguales, es decir, el estigma de AN no es completamente negativo debido a la aceptación social del cuerpo extremadamente delgado y su asociación con características de personalidad positivas como la autodisciplina. Está muy claro que cualquier estigma produce interferencia en el apoyo y retrasa la búsqueda de tratamiento, pero, además, se sabe que las experiencias de estigmatización pueden agravar el curso clínico de los trastornos al estar asociadas a más sintomatología y mayor duración del Trastorno de la Conducta Alimentaria (TCA).

Asimismo, estos testimonios son de gran ayuda, no solo para las pacientes que necesitan una motivación extra, un *click*, para alcanzar el cambio auténtico que les conducirá a la salud y a vivir su vida, sino también para las familias que están apoyando el proceso de recuperación de un ser querido: les ayuda a tener esperanza y confianza en que la curación es alcanzable.

Por otro lado, una de las cuestiones clínicas que me parecen más relevantes es que las personas que sufren anorexia (y otros TCA) pierden la capacidad de estar autoinformadas de forma cierta (probablemente por una alteración de los circuitos biológicos implicados en este proceso) de su propio estado físico. Esto, junto al miedo a engordar y a la idea fija de que una determinada imagen corporal es uno de sus esenciales valores personales, les lleva, al menos al principio, a resistirse a aceptar la ayuda por parte de la familia, amigos o terapeutas.

La persona con TCA se siente muy sola, incomprendida, asustada, siempre muy triste y muchas veces desesperanzada hasta que, gracias a ese precioso milagro que es el nacimiento de la relación vincular con un terapeuta o con un equipo de profesionales que conocen bien la enfermedad y su tratamiento, comienza a confiar y a dejarse cuidar. En la mayoría de las ocasiones, las personas aprenden y cambian gracias a otras personas.

Claramente, los diferentes elementos del tratamiento deben sucederse en el tiempo como una sinfonía o como una danza, todos participan, pero en su momento. La familia es el edificio, el auditorio, es el soporte donde se desarrollará el cambio hacia la salud. El estado físico mínimamente saludable es primordial, no se podrán desarrollar otras intervenciones si no recuperamos la salud física a través de la mejoría en la alimentación, incluso dejando para un poco más tarde los motivos y conflictos psíquicos que llevaron a esta joven a renunciar a alimentarse.

Durante el proceso, los padres y madres, que saben que tienen que ayudar a su hijo/a, afrontan sus propias dificultades al no COMPRENDER la enfermedad, al no saber cómo COOPERAR en el tratamiento, al creerse poco CAPACITADOS para cuidar a su hijo/a enfermo, incluso dejan de cuidarse a sí mismos o a los otros miembros de la familia. Ayudarles a hacerlo es una parte esencial del tratamiento.

Al leer este libro, escrito de forma muy original a tres voces, he reconocido a muchas de las chicas y chicos y a sus familias a las que he tenido el honor de conocer y ayudar y que me han enseñado mucho más de lo que he aprendido en los libros, en especial lo importante que es la libertad para desarrollarse como persona, lo necesario que es persistir y confiar, y lo esenciales que son las personas que se cruzan «por azar» o las que siempre están ahí pase lo que pase. Les agradezco haber sentido esa profunda alegría que experimentas cuando, después de años, puedes decir que ¡ahora sí! Ahora, ese antiguo paciente ya está fuera de esa jaula dorada, parafraseando a Hilde Bruch, que es la enfermedad, y puede comenzar a vivir.

MONTSE GRAELL
Presidenta de la Asociación Española para el
Estudio de los Trastornos de la Conducta Alimentaria

A modo de introducción

Comenzar a escribir mi historia es todo un reto. Las palabras revolotean por mi cabeza y la palabra «anorexia» retumba en mi interior. Quién iba a decirme que yo iba a ser una anoréxica. Nunca creí que esto fuese a ocurrirme. La lucha no ha sido fácil. Todavía no lo es. Tras varios ingresos en la clínica, cientos de horas de terapia, innumerables batidos nutritivos cargados de calorías y el apoyo incondicional de mi familia y amigas, he conseguido, por fin, ser plenamente consciente de mi enfermedad. Por eso decidí comenzar a escribir esta historia junto con mi padre.

La anorexia es una enfermedad hoy en día en pleno auge. Nos hacen creer que el peso y la figura son lo más importante y un reflejo de nuestro valor como personas, lo que nos lleva a convencernos de que la delgadez es la felicidad y la obesidad, lo más despreciable del mundo. Comienzas a desarrollar una obsesión por controlar lo que comes y lo que pesas para así tratar de tenerlo bajo control, pero de lo que no te das cuenta es de que el trastorno de la alimentación es el que te tiene a ti bajo su dominio. No sabemos con certeza cuál es la causa exacta de la anorexia, pero lo que muchas enfermas de anorexia tenemos en común es un profundo sentimiento de malestar personal que puede influir en nuestro desarrollo.

El principal objetivo de estas líneas es dar a conocer a otras chicas y chicos como yo que tal vez estén en mi misma situación, que hay esperanza, que SÍ SE PUEDE. Se puede volver a reír, a disfrutar, a tener ganas de vivir, a sonreír, a valorar las cosas verdaderamente importantes y a no dejarse llevar por lo superficial. También va destinado a los padres, familiares y amigos que se pueden ver enredados en esta situación. Confiamos que os sirva como fuente de esperanza, consuelo y refugio. Os animo a que os adentréis en las páginas de este libro y consigáis ver el trasfondo de mi historia. Una historia dura, llena de sufrimiento y miedo pero que desemboca en un mar lleno de esperanza, ilusión y alegría porque, ¿quién dice que no existen los finales felices?

Ignacio

Llevaba unos meses trabajando en la edición de un par de libros que acababa de escribir y estaba todo el día aburriendo a mi familia hablando de «mi libro», como el bueno de Paco Umbral: «Yo he venido a hablar de mi libro». Un día, en septiembre de 2015, Ana me dijo que quería proponerme una cosa: «Quizá no quieras, pero me gustaría escribir un libro contigo, un libro sobre la anorexia. Es que hay cosas que nunca os he contado ni a vosotros ni a los médicos». No lo dudé ni un minuto. Me dijo que no se lo contara a nadie, que sería nuestro secreto. Ana quería escribir también con la idea de poder ser una ayuda en el futuro para otras chicas que pudieran estar en su misma situación. Pero a mí, lo que más me animó fue que escribir su historia podría tener un efecto terapéutico, podría ayudarla a curarse. Hacía solo un par de meses que había salido de su segundo ingreso y el nuevo objetivo que nos habían fijado los médicos era ayudarla a responsabilizarse de su curación, tenía que ser consciente de que la anorexia era una enfermedad, y ella era la responsable de curarse, no nosotros.

A todos nos viene muy bien alguna vez abrir el corazón, contar lo que llevamos dentro, «soltar el sapo», liberarnos de esos pequeños (o no tan pequeños) secretos íntimos que nos atormentan y que nos gustaría compartir, y quizá pedir perdón, pero o no nos atrevemos o no sabemos cómo hacerlo. A veces es difícil hablar, sincerarse. Todos vamos deprisa por la vida, ¡no tenemos tiempo para los demás! El mayor problema la mayoría de veces es la falta de comunicación, y escribir puede ser la solución. Plasmar en una hoja lo que quieres contarle al otro pero no te atreves. Por eso, no dudé en secundar su iniciativa: escribirlo juntos nos podría ayudar a decirnos cosas de las que no nos atrevíamos a hablar. Quedamos en que ella iría escribiendo, me lo pasaría a mí para leer y yo continuaría escribiendo mi versión. Era consciente de que iba a ser una especie de «striptease» interior, contar los sentimientos de estos últimos años, pero estaba convencido de que no solo le iba a venir muy bien a ella, sino también a mí mismo y a toda la familia. Además, me iba a ayudar a entender mejor la enfermedad y, sobre todo, a entenderla a Ana. También, efectivamente, quizá en el futuro, podría ayudar a otras chicas y a sus familias con el mismo problema.

Azucena

La primera vez que Ana me dijo que quería escribir un libro no había cumplido aún los dieciséis años. Confieso que me enterneció, pero supuse que quedaría en una anécdota pasajera. Pero los años iban pasando y cuando Ana estaba ya cerca de la mayoría de edad me sorprendió al pedirme que lo escribiéramos «a tres manos». En el momento en el que comencé a leer las primeras páginas percibí la evolución de este proyecto: de un inicial capricho infantil a un manifiesto valiente, casi diría heroico.

Esta obra surge del tesón de unas personas admirables, Ana

y sus padres, con el objetivo de proporcionar una ayuda inestimable a tantas otras chicas y familias que pasan por una situación similar. Desde tiempos inmemoriales se conoce el poder terapéutico de las autorrevelaciones, y para Ana también ha supuesto un alivio compartir sus experiencias, dudas, temores y culpas.

Deseamos desde lo más profundo de nuestro corazón que muchas otras «ANas» (de Anorexia Nerviosa - AN) que se ven atrapadas en el infierno de esta enfermedad, encuentren en esta pequeña obra un consuelo en momentos difíciles. Quién sabe si incluso, en algún caso, esta obra pueda contribuir a que encuentren ese punto de inflexión, esa chispa necesaria para sanar.

Una pequeña aclaración antes de empezar: en este libro hablamos en femenino porque la mayoría de las personas que padecen anorexia nerviosa son mujeres, pero por supuesto incluye a hombres que puedan estar en la misma situación. Nuestra principal motivación es triple: cooperar en la ardua lucha de ese conocimiento social tan necesario sobre los trastornos de la conducta alimentaria; evitar que aquellos casos que comienzan con algunos síntomas, todavía remediables, empeoren y se vuelvan crónicos; impedir que estas personas lleguen a las consultas en estados graves debido a la ausencia de tratamientos o a la presencia de terapias tardías, inadecuadas o negligentes.

El comienzo: los primeros signos

Tenía entonces unos catorce años, una niña que comenzaba tercero de la ESO y comenzaba también la gran locura adolescente. Como cualquier otra chica de mi edad quería sentirme y verme guapa. Después del verano, al volver al cole, con todos los cotilleos recientes sobre esos amores efervescentes de las vacaciones, me di cuenta de que me había estancado en mi niñez y que ya era hora de cambiar. Decidí empezar con algo no muy llamativo, un corte de pelo. Como vi que no era suficiente, decidí quitarme algún kilillo de más, a ver qué tal me sentaba. La cosa comenzó bien, todo muy normal. Empiezas a fijarte más en las revistas, las secciones de dietas exprés, los escaparates repletos de maniquíes esqueléticos... Y entonces decides elaborar tu propio plan de dietas. Sustituyes el pan por biscotes integrales, aumentas la cantidad de fruta, te dejas «accidentalmente» el almuerzo en casa, dejas comida en el comedor o incluso te quitas parte de la ración de comida que tu madre te había puesto en la fiambrera. Y te crees que dominas la situación. Pero no fue así: conforme pasaba el tiempo mi salud empeoraba. Cada día me costaba más rendir en el colegio y, poco a poco, pasé de ser una niña despreocupada y feliz a ser una perfeccionista irritante. La relación con mis amigas se fue enfriando. En el comedor del colegio la situación era tensa. Mientras todas mis amigas saboreaban sus rebosantes platos de comida, yo me limitaba a mirar el plato y tratar disimuladamente de esparcir la comida para que pareciera que había comido.

Por otro lado, la situación en casa también empeoraba. La cosa no iba bien. Cada día estaba más callada, ya no hablaba con mis padres ni mis hermanos. Me encerraba en mi habitación y me mataba a hacer tablas de ejercicios para tonificar mi escuálido cuerpo. Llegué a hacer 60 flexiones con cada pierna y 120 abdominales cada día. Y a medida que pasaban las semanas, perdía más y más peso, hasta que llegó la voz de alarma. En el colegio mi tutora me advirtió de lo llamativo que comenzaba a ser mi aspecto demacrado y de las consecuencias que podía tener el continuar haciendo tonterías. Yo no hice caso y decidí continuar con mi vida. Conforme pasaba el tiempo, la enfermedad se hacía más y más fuerte, hasta un punto en el que se apoderó de mí.

Ignacio

Ana era una niña excepcional..., y sigue siendo una persona extraordinaria. La pequeña de mis cinco hijos, siempre fue la niña que todo padre quiere tener: muy cariñosa, alegre, feliz, contenta. Siempre dispuesta ayudar al resto de la familia, se llevaba muy bien con todo el mundo, nunca tuvo problemas con sus amigas, ni en el colegio, ni con los estudios... Era una fuente de paz y alegría para toda la familia. Cuando otras compañeras de su clase comenzaban ya a apuntar los primeros coletazos de la adolescencia, Ana seguía siendo niña. También físicamente. No era «gordita», pero sí seguía teniendo ese perfil físico de niña, con la cara redondita y esa tripita de niña. Pero en unos pocos meses cambió, dio el estirón y creció, adelgazó un poco, comenzó la adolescencia y se puso «muy guapa». Tan guapa que todo el mundo lo decía y se lo comentaba. Ahora me doy cuenta de que aquello pudo afectarle mucho: «si todo el mundo me dice que estoy muy guapa, tendré que seguir con lo que hago». Su carácter también fue cambiando, se volvió más callada, más ausente, pero nada alarmarte. Después de cinco hijos con cinco adolescencias, mi mujer y yo, sin ser expertos, ya sabemos qué supone tener adolescentes en casa. Como leí una vez, «la adolescencia es esa época en la que los padres nos volvemos insoportables». He de reconocer que me daba mucha pena ver el cambio, supongo que como a todo padre le cuesta que «su princesa» se vuelva «mujer», pero es ley de vida... O por lo menos eso pensaba entonces. No éramos muy conscientes de lo que estaba pasando, sobre todo yo. Mi mujer, mucho más espabilada, habló con la pediatra, pero de momento no había nada fuera de lo normal.

Pero un día recibí un whatsapp de Ana. Tenía una de esas «pijamadas» en las que quedaban varias amigas en casa de una de ellas para cenar, ver pelis y «dormir».

—Papá, me encuentro mal.
—¿Qué te pasa?, ¿la tripa? ¿Quieres que vaya a buscarte?
—No, es que tengo remordimientos.
—¿?¿?¿?¿? ¿Remordimientos? Eso solo si has hecho algo mal.
—Es que he cenado mucho y ahora me arrepiento.
—No te preocupes, te quiero mucho. ¿Quieres que vaya?
—No, no pasa nada, mañana nos vemos.

Y fue en ese momento concreto en el que caí en la cuenta de que teníamos un problema, un problema serio: se estaba obsesionando por lo que comía. Y entonces todo fue encajando como en un puzle. Era muy difícil controlar lo que Ana comía, pues lo hacía en el colegio. Mi mujer se dio cuenta de que, a la hora de hacer la compra, Ana siempre pedía alimentos light, yogures y galletas 0%, cereales, manzanas, alimentos «sanos». Su afición a la gimnasia comenzaba ya a ser sospechosa y en una de las reuniones que siempre hemos tenido con el colegio, su tutora nos comentó que le preocupaba la delgadez de Ana. Fue entonces cuando decidimos ir al médico.

Azucena

A menudo, las mujeres hemos vivido con cierta inquietud la transición de niña a mujer. Ver cómo tu cuerpo se transforma no resulta fácil de asumir, y ahí es cuando muchos jóvenes toman la decisión de comer menos, más «sano» o «quemar grasas», recurriendo a cualquier método que han visto en una revista o que, simplemente, se han diseñado ellos mismos. Esa inicial decisión es siempre el primer paso de una escalera que lleva al infierno de los trastornos de la conducta alimentaria. Sin dieta intencionada, no hay desarrollo de la enfermedad. Se trata del principal factor de riesgo, el único común a todos los casos.

La obsesión por perder peso va invadiendo, poco a poco, toda la vida de estas personas, en su mayoría niñas, hasta llegar a una situación de fobia a la comida. Para entender cómo se sienten, que cada uno piense en algo que le produzca un miedo intenso y trate de situarse en un mundo en el cual todo su entorno, hasta ahora fiable y de referencia, le dijera de forma insistente: «…súbete a la montaña rusa, ya verás cómo te vas a encontrar mucho mejor, que, si no te subes, te podría ocurrir algo malo». «Abraza a ese feroz león porque, si no, te daremos pastillas». «Cómete ese puñadito de gusanos pegajosos porque, si no, acabaremos ingresándote». Pensaríamos que el mundo se ha vuelto loco, ¿verdad?

Todos los que hayamos conocido a alguna persona con anorexia hemos comprobado que no hay nada de *glamour* en ella. Sus víctimas comienzan a trocear o a esparcir la comida por los platos, beben agua en exceso para saciarse, se escabullen de cualquier banquete multitudinario. Se miden, se pesan y observan su figura obsesivamente. Su insatisfacción es cada vez mayor. La culpa les aplasta cuando su gente les contrasta con la realidad.

Cada vez están más angustiadas y tristes y se aíslan del resto del mundo... Hasta que alguien a su alrededor da un puñetazo en la mesa y empieza a decidir por ellas. No es fácil, pero ese es el primer paso hacia la curación, darse cuenta y reaccionar.

La primera visita

Después de que mis padres se dieran cuenta de mi delgadez y de hablar con mi tutora, llegó la hora de ir a la pediatra. Tras un exhaustivo reconocimiento médico, el resultado era obvio; no obstante, la pediatra decidió, antes de nada, hablar conmigo. Me comentó el tipo de trastornos que podía llegar a desarrollar y sus consecuencias a corto y largo plazo. Me sentía incómoda y nerviosa, ya que algo dentro de mí me decía que la doctora tenía razón. Pero mi obsesión era tal que me derrumbé en un mar de lágrimas. Mi madre me estrechó la mano, me consoló y finalmente la médico decidió enviarme a la unidad de psiquiatría y psicología infantil para valorar la posibilidad de un trastorno de la conducta alimentaria.

Cuando llegué allí con mis padres, un hormigueo se apoderó de mí y las piernas comenzaron a temblarme. Sentía miedo y me asusté solo de pensar que una chica normal como yo, de solo catorce años, tenía que acudir al psiquiatra cuando, además, yo pensaba que no había ninguna razón para ello, ningún problema. La cosa no pintaba bien. Estaba asustada y confusa, no podía entender por qué, por el simple hecho de estar más delgada y mona, tenía que ir al «loquero». Nada encajaba en mi cabecita. Es difícil explicar cómo te llegas a sentir: la gente que más te quiere en este mundo te dice que estás enferma, que te estás consumiendo lentamente y que ya basta, pero tu subconsciente te dice que ellos solo quieren que engordes, tú estás yendo por el buen camino, tú solo adelgaza y sé feliz.

Fue entonces cuando conocí a la persona que, aún a día de hoy, sigue luchando por tratar de ayudarme a salir de esta pesadilla. Si soy sincera, la primera impresión fue horrible: una médico psiquiatra más joven que mis padres pero de aspecto serio. De pronto tenía que abrirme a esa mujer y empezar a contarle mis problemas, mi vida privada. No me gustaba nada, no la conocía de nada y tenía que contarle todo sobre mi vida. De un instante a otro, pasas de una completa seguridad y tranquilidad en la que tienes todo controlado a verte cada semana en un interrogatorio sobre si vomitas, si comes, si haces ejercicio a escondidas... A partir de ahí, todas las semanas la misma historia. Te desnudas, te pones el camisón y de espaldas —para que tú no lo veas— te pesan. Te toman la tensión y meten los datos en el ordenador. Luego, esperas a que te llamen para consulta. Al entrar en el despacho de la doctora, te encuentras con su cara, que es todo un poema. No hace falta preguntar qué tal está el peso. Cada semana lo mismo: «estás bajo mínimos, ¿cómo va la menstruación?, ¿vomitas?, ¿laxantes?, ¿diuréticos?», y así sucesivamente. Poco a poco, me voy consumiendo y es entonces cuando entran en acción los dichosos batidos. Llámalos «suplemento alimenticio o como quieras», pero para mí fue la peor de las pesadillas. Un batido que parecía un colacao, pero repleto de calorías y vitaminas que, muy a mi pesar, me acompañaría diariamente durante años.

Azucena

La primera vez que tuve referencias de Ana fue por su pediatra, excelente profesional con una gran sensibilidad hacia las cuestiones relacionadas con la salud mental, eufemismo que la sociedad emplea para evitar el término psiquiatría. Sus padres la habían llevado a consulta alarmados por su pérdida de peso y su tristeza. Recuerdo como si fuera ayer su relato: «He visto a una adolescente «ANita», con todas las características que le hacen vulnerable a desarrollar anorexia. Al ver que minimizaba su restricción alimentaria, le he puesto una trampa. Me ha pedido una dieta para comer sano y la he citado para la semana que viene para un control de peso. Y ha picado, ahí estaba ella sola la semana siguiente». En los casos como el de Ana, en los que una adolescente acude evidentemente obsesionada por su peso y su figura, no es conveniente indicarles una dieta hipocalórica «para adelgazar». Se deben proponer hábitos de vida sanos, y destacar la importancia de otros aspectos positivos de la persona diferentes a su aspecto físico. En este caso se decidió establecer esta estrategia con el objetivo de facilitar el camino hacia un diagnóstico adecuado. Ana, y otras muchas como ella, no necesitaban una dieta, sino un tratamiento encaminado a tratar su trastorno de la conducta alimentaria. Después de esta consulta, la pediatra les recomendó que acudieran a «una compañera muy maja también pediatra que trabaja en la consulta de la 4ª planta». Es decir, a psiquiatría.

Ignacio

La primera vez que llevas a tu hija de catorce años al psiquiatra es un shock. No solo para ella, también para nosotros la figura del psiquiatra supuso un reto. No nos engañemos, a la inmensa mayoría de la gente les generan rechazo las personas con una enfermedad mental o con un trastorno de la conducta. Un rechazo social por desconocimiento y miedo. Que tu hija vaya al psiquiatra no es algo que quieras contar. Por eso, solo el hecho de pensar en ir a este especialista ya genera angustia. El diagnóstico estaba tan claro que no fue necesario más que una visita a la médico psiquiatra: Ana sufría anorexia nerviosa. Ya conocíamos algún caso aislado similar y sobre todo habíamos oído hablar de las modelos anoréxicas, pero jamás te imaginas que te puede tocar a ti, y menos a una niña tan maravillosa como Ana. Aunque en el fondo podíamos sospechar lo que ocurría, en mi interior no lo quería ver, y oír el diagnóstico fue un mazazo.

Lo primero que te viene a la cabeza es ¿por qué? ¿Qué es lo que ha causado la enfermedad en Ana? Y en seguida aflora un sentimiento de culpabilidad: ¿qué hemos hecho mal nosotros o en qué hemos contribuido para que aparezca la enfermedad? Con el tiempo hemos aprendido a no sentirnos culpables. En Ana se dieron una serie de circunstancias comunes en muchos casos de anorexia nerviosa en adolescentes: un cierto grado de perfeccionismo, el querer agradar a los demás, quizá un problema de autoestima que no fuimos capaces de detectar y, lo más importante, el comenzar a escondidas una dieta o régimen alimenticio. Esto último, según nos comentó una vez la médico, es una de las razones de que en un momento concreto se «dispare» el trastorno anoréxico. Por eso, es tan importante que las adolescentes jamás sigan una dieta sin una estrecha supervisión médica. En muchos casos empiezan «jugando» y acaban con una obsesión que pone en peligro su salud.

Azucena

A medida que los profesionales que nos dedicamos a atender a personas con trastornos de la conducta alimentaria (TCA) vamos acumulando lecturas y, sobretodo, experiencias clínicas con pacientes, nos damos cuenta de lo importante de la detección precoz, de «pillarlos a tiempo». Las enfermedades mentales son muy frecuentes, se calcula que afectan al 10% de los niños y al 20% de los adolescentes: ansiedad, depresión o déficit de atención no son infrecuentes. Y, por supuesto, no solo aparecen en familias disfuncionales, con problemas graves, sino que nos pueden tocar a todos.

¿Qué podríamos decirles a los padres en general, más a los que tienen niñas, y más aún si son niñas perfectas, «ANitas«? Primero, que las quieran como son, que no se fijen solo en sus logros académicos, ni en su belleza, ni en su figura, ni en su éxito social. Muchos padres hacemos esto llevados por la hipótesis de que así fomentaremos esas virtudes, y como no, porque estudiar, sacar buenas notas, y estar guapas (sinónimo de delgadas en nuestra sociedad) «es lo que tienen que hacer». Tal y como decía el gran Serrat ya en 1981:

(…) Nos empeñamos en dirigir sus vidas,
sin saber el oficio y sin vocación,
les vamos transmitiendo nuestras frustraciones
con la leche templada y en cada canción
(…) Nada ni nadie puede impedir que sufran,
que las agujas avancen en el reloj,
que decidan por ellos, que se equivoquen,
que crezcan y que un día nos digan adiós (…).

Con este «temazo» con el que tantos padres hemos llorado alguna vez, lejos de señalar culpables, lo que pretendo es abrir el debate sobre las dificultades que acompañan el proceso de crianza de nuestros hijos. Mi consejo es que a nuestras niñas las debemos valorar por su bondad, su valentía, su honestidad, su generosidad, y muchos otros valores. Pero también enseñarles a quejarse, a compartir penas, a aceptar que nunca gustarán a todos y a apreciar los buenos momentos. Porque nadie es perfecto, eso no existe, no es una meta. Por ello, tratar de llevarlas a la perfección, impulsarlas a agradar al mundo entero, jamás debe ser el objetivo.

El estigma de la psiquiatría

Las visitas a la psiquiatra se hicieron frecuentes y, con el tiempo, el asunto fue yendo a peor. Mis padres confiaban en ella y la médico comenzó a tomar decisiones familiares sin ni siquiera consultarlo conmigo. Recuerdo que ese año, una de mis mejores amigas nos invitó a mí y a otra amiga a Madrid a pasar unos días con ella en casa de su abuela. La idea de irme de Pamplona a la capital, sin ninguna supervisión ni control de lo que comía o no comía, me resultaba estupenda. Tras hablarlo con mis padres, ellos decidieron consultarlo con la psiquiatra: «Lo que digan los médicos». Para mi sorpresa no me dejaron ir. Sentía tristeza y odio. No podía creer que aquella mujer que habíamos conocido solo hacía unos pocos meses estuviera involucrándose en todas las decisiones familiares y decidiendo sobre mi vida.

Varios años después, conseguí realizar dicho viaje junto a mis amigas a Madrid como regalo de cumpleaños de una de ellas. Días antes del viaje, mi madre me comentó en la cocina lo orgullosa que estaba de mí. Yo no entendía muy bien a qué venía todo eso y se lo pregunté. Entonces ella me recordó este episodio del viaje que no pude hacer y, esbozando una amplia sonrisa con los ojos llorosos me dijo, «Si hoy estás aquí es gracias al esfuerzo que has hecho y a todo lo que has sabido sacar adelante. Te lo mereces». Después nos abrazamos.

Pese a estas primeras impresiones, sé que, si hoy estoy aquí, parcialmente recuperada pero plenamente consciente de mi enfermedad, en gran medida se lo debo a ella y al equipo médico que tanto esfuerzo ha puesto en mí. Sin duda, confiar en los médicos ha sido indispensable para poder hacer frente a la enfermedad, no solo por el tratamiento médico, sino por la experiencia que tienen, su capacidad de razonar objetiva y fríamente sin olvidar en ningún momento lo frágiles que estamos nosotras y nuestras familias. Gracias a Dios, mis padres supieron reaccionar a tiempo y, por muy duro que fuese en aquel momento, se dieron cuenta de que lo más importante era mi curación. De ahí que algunas decisiones familiares se viesen influenciadas por el punto de vista médico, lo cual nos permitió avanzar en mi recuperación.

Azucena

Recuerdo a la perfección los gestos contenidos de rabia e indignación de Ana el día que me consultaron acerca del viaje a Madrid. Para nosotros, sus adultos, ese era solo un viaje más y tendría mil oportunidades más en la vida. Para Ana, como para cualquier otra niña de quince años, era «el viaje». También recuerdo la sensación de alivio en las miradas cómplices de sus padres cuando les eximí de la responsabilidad de la decisión: «Decidle que la prohibición es una prescripción médica». En el tratamiento de la anorexia tenemos dos equipos. El equipo A, formado por «la parte sana de Anita», la persona maravillosa + sus padres preocupados, sobrepasados + el equipo médico, porque los profesionales de la salud somos solo eso, una parte de ese equipo. En el equipo B, el contrario: la enfermedad de ANa. Con un sencillo cálculo se puede uno imaginar quién gana si vemos claro este esquema. En ese momento, el viaje a Madrid podía suponer que el esfuerzo de los últimos meses por «meterle un gol» a la enfermedad se diluyera en cuatro días. Creo que ese mismo día le dije: «Sé que ahora mismo me odias, también he tenido quince años, pero te aseguro que algún día lo entenderás y lo agradecerás». Sé que deseaba levantarse y salir dando un portazo. Pero su complacencia no se lo permitía. Y al fondo, muy al fondo de sus preciosos ojos negros, pude ver un hilo de esperanza.

Ignacio

He de reconocer que hay momentos oscuros en los que te agobian las dudas, también si estaremos acertando con lo que dicen los médicos, pero desde el primer momento mi mujer y yo decidimos confiar plenamente en el equipo médico. Aunque soy un «friki» de internet, blogs y redes sociales, jamás he consultado temas de anorexia en foros. No he querido dejarme influir por posibles fuentes de dudosa fiabilidad. Sí que mi mujer y yo hemos leído varios libros sobre la anorexia, pero siempre hemos consultado con el equipo médico y hemos seguido sus consejos. Y ahora veo que fue un gran acierto. La persona anoréxica llega a obsesionarse de tal forma que todo lo que le rodea pasa a segundo plano, y no es capaz de controlar sus emociones. Su obsesión es el físico, la comida, el peso. No hay nada más. Y si para conseguir sus objetivos tiene que mentir y engañar, lo hace, no es capaz de controlar. La relación familiar se deteriora. Por eso, es fundamental la ayuda de un tercero, de un equipo médico que con experiencia, conocimientos y objetividad te ayude a ir marcando las pautas. La ayuda médica es fundamental para poder salir de la anorexia. Aunque a veces cueste seguir sus recomendaciones, hay que dejarse ayudar.

Azucena

Los psiquiatras y psicólogos, quizás más aún los que tratamos a niños y adolescentes, nos pasamos la vida tratando de explicar a personas de diferentes edades, orígenes y trayectorias vitales, que las enfermedades psiquiátricas se localizan en un órgano vital, el cerebro, que forma parte del cuerpo. Así como un enfermo del pulmón tose, o al que se le fractura un hueso tiene dolor, las personas con enfermedades psiquiátricas tienen alteraciones en su comportamiento. No es fácil de asimilar, pero hay mucha ciencia detrás de esta aseveración que no representa una mera opinión personal. De hecho, incluso hay compañeros médicos que no acaban de interiorizarlo. Y esto constituye una situación dramática contra la que debemos luchar todos con toda nuestra energía.

Recuerdo que cuando tomé la decisión de complementar mi formación como pediatra con la de psiquiatría, algunas personas muy cercanas se atrevieron a decirme lo que pensaban: «¿Psiquiatra? Pero si tú eres normal...». Se lo agradecí, porque lejos de disuadirme, me ayudó a reafirmarme más en mi decisión. Es una injusticia enorme que no se respete a las personas con problemas mentales, recordemos, el 20% de la población. En el mejor de los casos, sufren incomprensión y, en el peor, marginación y rechazo. Eso incluye no solo a las personas con psicosis o esquizofrenia, sino también a otras con depresión o anorexia nerviosa, que son interpretados como signos de debilidad, antojos o elecciones personales fallidas. Lo cierto es que nadie elige padecer enfermedades, tampoco mentales. Por eso es misión de todos integrar la psiquiatría como una ciencia cuyo objetivo es curar enfermedades y luchar, además, contra este estigma adicional.

Nuestra profesión, la psiquiatría de niños y adolescentes, a veces dura pero siempre fascinante, no sería lo que es sin un equipo. Un equipo es como un enorme ciempiés donde cada uno de nosotros pone de su parte en el movimiento del conjunto. Los unos sin los otros no podríamos avanzar. Todo aporta: la sonrisa y el saludo cariñoso de primera hora de la mañana de un día que se anticipa extenuante; la oportuna llamada «¿Todo bien?», cuando alguien intuye que estamos en apuros; el toc-toc en la puerta del despacho «Te traemos café con leche y poca azúcar» ; la frase «Ha llamado la madre de fulanito desesperada... está más tranquila, pero convendría llamarla...»; el entusiasmo y la entrega de los estudiantes, residentes y otros médicos ya especializados que nos persiguen, incluso hasta el baño a veces, para aprender hasta del aire que respiran. Sin ellos, que nos empujan desde abajo y nos hacen crecer hacia arriba, nuestra profesión no tendría sentido. Por supuesto, esto tampoco sería posible sin la admirable aceptación de nuestros pacientes y sus familias en esas situaciones, a menudo, dolorosas.

En psiquiatría, el proceso de aprendizaje es incluso más artesanal que en otras áreas. Con cada profesional con el que trabajamos en nuestro periodo de formación, tenemos una nueva oportunidad. Vencer nuestro propio pudor para explorar una idea, dirigir una entrevista, conseguir que un adolescente rabioso se sincere o tratar de explicar a unos padres angustiados el porqué de cada decisión no resulta sencillo. También, en ocasiones, aprendemos lo que no hay que hacer o decir, aunque dichos automatismos nos broten de forma natural. Jamás a unos padres se les puede decir «No se preocupen», ni nos podemos situar por encima de un adolescente y señalándole con el dedo afirmar «Esto es lo que debes hacer».

De todos los profesionales con los que tenemos la oportunidad de asistir a nuestros pacientes, siempre hay, al menos, uno que brilla. Esa persona que parece tener siempre la palabra y la actitud adecuada y sabe qué hacer en todo momento, se convierte en nuestro mentor. En mi caso —y en el de muchos otros con los que he compartido pasillo—, he tenido a un gran maestro al que le debo casi todo. Sin él no existiría este libro, ni mi profesión sería la que es, ni amaría tanto mi trabajo. Recuerdo, cuando empezaba a ver pacientes con anorexia, que me dijo una frase que jamás olvidaré: «Cuanto menos niña, más enfermedad». He tardado años en entender este concepto que hace referencia a las alteraciones bioquímicas y neurológicas que produce la desnutrición. Estos cambios alteran sus sentidos, su conducta y su funcionamiento. No es posible realizar una psicoterapia, ni siquiera una valoración adecuada, cuando todavía se encuentran en estado de malnutrición.

Para tratar a las personas con anorexia nerviosa, la persuasión con el objetivo de que vuelvan a alimentarse con normalidad, mencionando las palabras prohibidas «comida, engordar...» lo mínimo posible, representa todo un arte. Pero eso no se aprende en los libros, no hay guías clínicas para ello ni ningún laboratorio farmacéutico detrás. Por eso, no se puede ayudar a una persona con anorexia si no es con paciencia, esperanza, pasión y, por qué no decirlo, con amor.

La perfecta imperfección: ¿quién puede sufrir anorexia nerviosa?

Cuando sufres un trastorno como el mío, toda tu vida acaba girando en torno a la enfermedad. Acabas teniendo un afán por la perfección inalcanzable. Piensas que tienes que ser la hija ideal, la alumna estrella, la amiga incondicional, la chica perfecta. Y eso surge debido a la insatisfacción que sientes con tu propio cuerpo. Canalizas todos los problemas de tu vida privada y los plasmas en tu cuerpo, en tu perfecta figura, y si no lo consigues, prepárate porque se avecinan consecuencias y medidas drásticas como largas horas de ayuno, ejercicio intenso, mentiras y demás que te irán consumiendo poco a poco.

Sientes que nunca es suficiente, que siempre tienes que llegar a lo más alto. Y ese afán por ser la mejor acaba aislándote de la realidad, te encierras en ti misma y poco a poco te acabas consumiendo. Llega un momento en el que se te quitan las ganas de vivir, sientes que no vales nada, que el hecho de no conseguir llegar a la talla 34 y tener el cuerpo perfecto, hace que sientas que has decepcionado a todos y que ya nadie te va a querer. Sé que puede sonar exagerado e incluso dramático, pero cuando lo has vivido en tus propias carnes la perspectiva cambia.

A parte de la excesiva preocupación por el físico, comencé a enfrascarme en los estudios. Lo daba todo, me dejaba la vida haciendo esquemas, resúmenes, etc., pero nunca conseguía alcanzar la nota que quería, nunca estaba satisfecha. Me faltaban las fuerzas, no conseguía concentrarme y esa falta de energía hacía que las notas fueran mediocres. Era en esas tardes de estudio donde empezaba el caos. Llegaba del colegio agotada, no solo por las clases, que me tenían frita, sino porque me pasaba más horas de las debidas sin probar bocado. Y es que, para alcanzar los resultados académicos que tenía en mente, necesitaba más energía. Nada más bajarme del bus, llegaba a casa y arramplaba con todo lo que podía. Mi debilidad eran los cereales y los frutos secos, cuantos más puñados mejor. Cuando ya estaba hasta arriba de ellos, llegaban los agobios... «he comido demasiado, pero mira qué muslos tengo, y encima son hidratos». Y así cada día.

Normalmente, me enfundaba en mis mallas de deporte y hacía abdominales y sentadillas hasta que mi cuerpo no podía más. No solo del cansancio, sino también de la masa que se me estaba formando en el estómago. De manera que centrarme luego en estudiar era casi imposible. Comenzaban los agobios, las ganas de llorar y de desaparecer, me daba asco a mí misma por cómo había dejado que el ansia y el hambre pudiesen conmigo.

Después de haber experimentado todas estas sensaciones, me doy cuenta de que tratar de llegar a la perfección es agotador, sobre todo porque nunca acabas satisfecha contigo misma. He de admitir que una parte de mí sigue queriendo alcanzarla, pero sé perfectamente que se trata de mi enfermedad y que tengo que saber distinguirla para no caer otra vez entre sus redes.

Azucena

La anorexia es la tercera enfermedad crónica más frecuente en jóvenes, tras el asma y la obesidad. Supone la primera causa de desnutrición en nuestro medio, y es la enfermedad mental que más muertes produce, por suicidio o por complicaciones. No desarrolla anorexia la que quiere, sino la que puede. Solo aquellas que deciden voluntariamente hacer dieta o ponerse a régimen, es decir, restringir su alimentación, llegan a padecer trastornos de la conducta alimentaria. A pesar de que la mayoría de las mujeres en nuestro medio llegan a realizar una dieta con el objetivo de perder peso, menos del 1% de ellas llegan a desarrollar anorexia o bulimia. La mayoría para gustarse y gustar más. Existe también una minoría de casos en los que la anorexia se precipita por ayunos voluntarios en contextos religiosos, casuísticas que se han detectado en comunidades de monjas o en población musulmana tras el Ramadán. Lo que la evidencia médica muestra es que la decisión voluntaria de restringir la alimentación es el elemento desencadenante del trastorno. Aunque está claro que existen muchos más factores de vulnerabilidad. Los rasgos de personalidad son determinantes.

Por ejemplo, las personas más impulsivas, aquellas que en general tienden a actuar sin pensar, son más proclives a desarrollar bulimia nerviosa. Se caracteriza por el ciclo ayunos-atracón-purga. Deciden comenzar a perder peso, y para ello ayunan. Sin embargo, sus características biológicas les llevan a comer de forma impulsiva grandes cantidades de comida, por lo general por las tardes. Ellas «fracasan» en su intención de ayunar, frente a las que padecen anorexia, que «triunfan». Ante la culpabilidad intensa que les genera ese atracón, recurren al vómito u otros métodos para compensar.

Las personas en las que, en cambio, destaca la tendencia a la inseguridad derivada de un perfeccionismo excesivo, cuando se obsesionan con la figura y deciden no comer para adelgazar, de alguna manera «logran» mantener ayunos prolongados, desarrollando anorexia nerviosa. El hecho de renunciar a sus necesidades básicas, a renunciar al hambre, les produce una sensación de éxito, de superación personal. La sensación de hambre para ellas es como una droga, les genera una sensación de satisfacción. Después comienza el miedo a perder este privilegio, esta superioridad.

Cuando en la familia hay antecedentes de obesidad, o de anorexia o bulimia, las posibilidades aumentan. Otros factores que suelen desencadenar la enfermedad son la propia pubertad y sus cambios, las rupturas de pareja, las oscilaciones de peso tras los viajes (es típica una estancia en el extranjero), o determinadas prácticas como el ballet o la gimnasia rítmica que requieren condiciones físicas exigentes. El sexo femenino y la adolescencia son factores de riesgo. Aunque la mayoría de trastornos de conducta alimentaria aparecen en ese grupo, no podemos olvidar que pueden ocurrir en cualquier edad y sexo. De hecho, aunque estos trastornos afectan a mujeres con una frecuencia diez veces más que a hombres, su aparición en varones está aumentando, ya que ellos cada vez están más sometidos a la influencia social de tener una figura delgada. También ahora se depilan, se peinan con esmero, utilizan cosméticos y desean tener el cuerpo fibroso y el abdomen plano.

Cuando leo estas emocionantes palabras de Ana no puedo dejar de pensar que todos los que dedicamos nuestra vida al cuidado de la salud mental somos unos afortunados. Día a día tenemos el privilegio de llegar al alma de las personas y aprender de todos nuestros pacientes. Y esta sensación es aún más especial cuando se trata de personitas en proyecto, el tesoro de nuestras vidas, los niños y los adolescentes.

Anorexia digital: lo que es y lo que no es internet

¿Cómo es posible que, a pesar de la insistencia de miles de familias y organizaciones, todavía no sea posible cerrar este tipo de páginas?

Conforme la enfermedad avanza y se apodera de ti, tu afán por la delgadez aumenta hasta tal punto que, cuánto más delgada estás, más gorda te ves. Acabas teniendo un deseo incontrolable por buscar nuevas formas de adelgazar y, por eso, decidí buscar consejos en internet. Ya sea en casa o en el bus del colegio, cualquier ratito era bueno para ampliar mis trucos de adelgazamiento.

No recuerdo bien cómo se llamaba aquella página web, pero de lo que sí me acuerdo es de los innumerables consejos que daba para adelgazar. Comencé a leerlos, muchos de esos «trucos» ya los conocía o practicaba, pero sí que hubo alguno nuevo que apunté para ponerlo en práctica. Podías encontrar desde los típicos de «sustituye tu almuerzo por una manzana» hasta «finge estar enferma, acuéstate y así te escaqueas de la cena», «desmigaja el pan sin que se den cuenta», «no bebas demasiada agua o te hincharás» o «mezcla mostaza con limón y vinagre, y así conseguirás vomitar». Una parte de mí sabía que eso que estaba haciendo iba a traerme consecuencias nefastas y que debía contárselo a mis padres, pero me asustaba su posible reacción. Sin pensarlo dos veces, borré el historial del ordenador para que nadie supiera lo que había visitado.

Desde hace varios meses no he vuelto a buscar en internet ninguna página pro-anorexia porque sé que si le doy la mano a la enfermedad, ella me cogerá el brazo. Tenemos que luchar contra ese tipo de webs que promueven la extrema delgadez como signo de belleza. No quiero ni pensar la de chicas que se habrán visto atraídas como yo por estas páginas. Hacen que creas que se preocupan por ti, por tu físico, tu felicidad. Mentira, mentira, mentira. No te dejes engañar, por muchas manzanas que comas, por muchos síntomas de malestar que finjas, o mezclas de mostaza y limón que te bebas, no conseguirás ser feliz aun con tu súper tipazo. Créeme, sé por lo que estás pasando, yo también lo he vivido y no, no vas a ser más feliz por pesar cinco gramos menos, ni más estupenda de lo que ya eres.

Azucena

Como sé que Ana no se atreve, reproduzco a continuación algunos de los consejos y trucos que cualquiera puede encontrar en Internet para enfermar. Estas páginas suelen comenzar explicando lo que es el Índice de Masa Corporal (IMC, se calcula dividiendo el peso por la talla al cuadrado), y ofrecen varias tablas con el peso «adecuado» para conseguir unos «estupendos» IMC de 17, de 16 y de 15 kg/m². Por ejemplo, si mides 1.75 m, debes pesar 45 kg para convertirte en una auténtica «princesa de cristal». Todo ello ilustrado por las fotos impactantes de cuerpos enfermos que generan auténtica lástima. Os invito a que introduzcáis el término «princesas de cristal» en un buscador de Internet. Escalofriantes los resultados.

Otras perlas de estas webs y blogs —que visitan aproximadamente un 20% de las adolescentes menores de edad que utilizan Internet— son: bebe agua, mastica hielo, fúmate un cigarro, toma vinagre, come desnuda mirándote al espejo, lleva un cinturón apretado que te haga daño, no lleves dinero si sales, echa jabón a los alimentos para vomitarlos, etc. Entre exclamaciones, una obviedad «¡No comas nada sin saber cuántas calorías tiene!». En fin, toda una declaración de intenciones para conseguir «la felicidad».

Dos de las webs más populares son las conocidas como «ana» (anorexia nerviosa) y «mia» (bulimia nerviosa). ¿Quién es el culpable de que esto ocurra? En algunos países, como Francia e Italia, estas páginas son ilegales. En España, a pesar de la insistencia de diversas asociaciones («Campaña para la ilegalización de las páginas web y redes sociales que promueven la anorexia y bulimia nerviosas»: www.acab.org), no se ha logrado que se puedan denunciar o cerrar debido a un vacío legal al respecto.

En las redes sociales como Instagram o Twitter, existen múltiples campañas de promoción de la salud que suelen buscar la concienciación o la solicitud de ayuda para diversas enfermedades. Tratan de promover la salud, es decir, evitar las enfermedades. Pero las redes, desafortunadamente, también se pueden utilizar para fomentar comportamientos patológicos, como ocurre en el caso de algunas enfermedades mentales como los trastornos de la conducta alimentaria o las conductas suicidas. Existen miles de *hashtags*, como por ejemplo #proana, #promia, #probulimia, #proanorexia, #loseweight, #thinspo, #thinspiration, dirigidos a ofrecer estrategias para adelgazar o consejos para ocultar la enfermedad a los padres. Si algún miembro de algún gobierno en algún lugar del mundo leyera este libro y quisiera ayudar, ahí tenemos una vía, señores.

Pero también hay presiones en lo que no es Internet. La presión social para tener una figura determinada para las mujeres es ubicua. La imagen es transcendental hoy en día, más porque las figuras que vemos —que nos quieren vender— no son reales. La cirugía plástica, las perspectivas fotográficas estratégicas, o los programas de edición de retratos construyen esas falsas imágenes. Hagamos un ejercicio de imaginación: un día cualquiera para una mujer. Si encendemos la televisión mientras desayunamos, con mucha probabilidad podremos disfrutar de un anuncio de cereales, por ejemplo, con los que nos aseguran nos sentiremos «ligeras» (no ligeros). Es probable que se refiera únicamente al alivio del estreñimiento, pero entonces me pregunto por qué se ilustra con una joven mujer en bañador con un talle muy estrecho, por supuesto falseado por *Photoshop*. Decidimos ir a la farmacia a por lo que sea, y para cuando alcanzamos a ver a quien nos atienda, habremos tenido que atravesar una jungla de sustancias-estafa, carentes por completo de evidencia científica que los avale, con nombres estúpidos tipo: *Esculturil, Eliminex, Reductinón o delaXLalaXS*. Quede claro que los nombres son inventados, pero no menos ridículos que los reales. Cualquier parecido con la realidad es pura coincidencia. Recuerdo una de las múltiples ocasiones en las que una ANita me confesó que había recurrido a uno de esos productos bazofia. La niña tendría unos catorce años, pero aparentaba doce. Le pregunté cómo los había conseguido y, lejos de relatarme una secuencia compleja de artimañas maquiavélicas, simplemente me contestó: «Lo pedí en la farmacia y me lo dieron». Os invito a seguir una iniciativa que llevo años practicando: jamás entro a un establecimiento que publicite esos productos.

Para relajarnos del estrés de la farmacia, podríamos recurrir a leer una revista de moda, cualquiera. ¿Qué nos podemos encontrar? Cuerpos escuálidos a punto de romperse la crisma, paseando con tacones imposibles por pasarelas absurdas. Tendencias de moda para figuras rectilíneas que jamás sentarían bien a una mujer real. Decidimos cambiar de formato, vamos a por una revista de «cotilleo». Mejor, incluso podemos observar complacidas que algunas de las mujeres de portada tienen curvas. Seguimos leyendo, hasta encontrar estupendos titulares tales como: «Luce una espléndida figura a pesar (¿a pesar?) de su reciente maternidad», «Esos kilitos de más tras las vacaciones», «Impactantes declaraciones: aunque haya engordado, soy feliz».

Decidimos irnos de compras. Otro suplicio. Las tallas varían según las marcas y, como estamos susceptibles con el asunto, podemos llevarnos disgustos. No todas las tendencias de moda se ajustan a cualquier tipo de cuerpo. La gran mayoría de las mujeres sanas tenemos un mayor perímetro en los muslos que en las pantorrillas. Se nos acumula tejido graso en las caderas. Nuestro abdomen sobresale de la línea entre las costillas y el pubis. ¿Tan grave es eso? Esta conversación la mantuve con Ana, quien me decía que una de las ganancias de la anorexia era que cualquier estilo de ropa le sentaba bien (como a las modelos) estando delgada, es decir, estando enferma. De nuevo, hago un llamamiento a los responsables de la regulación de las campañas y la normativa del sector de la moda.

Cuando una ANita se va recuperando a lo largo de los meses, es habitual que no entre en los pantalones de la temporada anterior. El afrontamiento de estos cambios de talla, situación que todos valoramos como un avance hacia la curación, se convierte en un drama más en el infierno de la anorexia. Es muy importante preparar a las familias para esta situación, que puede parecer banal para cualquiera que no haya vivido de cerca un caso similar, pero genera importantes consecuencias. Se podría decir que esta presión social contribuye a que los trastornos de la conducta alimentaria se consideren una epidemia, en la que el agente de contagio no es infeccioso, sino psicosocial.

Dichosa talla 36 (o 38, o 40)

Este es uno de los temas más duros para mí. Llevo años luchando por una talla 36 y siempre que voy a una tienda en busca de unos pitillos ajustados tengo la tentación de ir a por ella. He identificado la talla 36 con la suma felicidad. Sentía que, si la conseguía, todo habría merecido la pena: las largas horas sin comer, las tablas de flexiones y abdominales diarios... Todo habría servido para que, por fin, consiguiese mi mayor aspiración.

Es muy triste pensar que tu mayor aspiración en la vida es una simple talla de pantalón y el hecho de poder presumir de unos muslos huesudos y un abdomen en el que se puedan distinguir tus costillas. Pero una vez conseguí la talla, no me conformaba con ella, quería más. Quería poder sentirme ligera como esas modelos de las pasarelas con esos cuerpos esqueléticos y que la gente se fijara en mí. Y sí, la gente se fijaba, pero no porque me sentaran estupendísimamente bien los pitillos de la talla 36, sino por lo esquelética y demacrada que estaba. Yo no me di cuenta de este matiz hasta hace poco.

Ahora soy consciente de que la talla 34 o 36 no tiene nada que aportar al mundo. Lo estaba perdiendo todo por una dichosa talla. En una ocasión, no recuerdo muy bien a raíz de qué vino, mi padre me comentó lo estúpido que le parecía el tema de las tallas, cómo podía basar mi felicidad en una medida de pantalón que encima, según la tienda, variaba. Le parecía absurda semejante preocupación. ¡Ni que los hombres se fuesen a dedicar a medir nuestras cinturas! Poco a poco te vas dando cuenta de que si todos nos preocupásemos por la talla del pantalón como lo hacía yo, probablemente viviríamos en un mundo de locos. Hoy, aunque sigo luchando por una 36, soy consciente de que llevando la 38 soy feliz y estoy sana y que en mi caso una 36 es signo de desnutrición. No quiero volver a pasar por esta tortura que es la anorexia.

En mi primer ingreso en la clínica tuve un pequeño encontronazo con el equipo médico y con mi madre por la dichosa talla de pantalón. No hacía mucho que había comenzado el tratamiento y conforme pasaban las semanas, mi peso aumentaba ligeramente como era de esperar, por ello, comencé a notar cambios en mi cuerpo. Nada llamativos de cara a los demás, pero significativos para mí. Un día, cuando fui a vestirme, el pantalón me apretaba, me apretaba demasiado. Comencé a temblar de miedo al comprobar cómo el tratamiento daba sus frutos. Me quité rápidamente los pantalones y me eché a llorar. Fue tal mi reacción que mi madre, al llegar a la clínica, tuvo que consolarme como si no hubiese un mañana. Para mi enfermedad fue una derrota perder la talla 36, perder el control, para mí —aunque aún no era consciente— fue un pequeño paso hacia mi recuperación. Pero claro, en mi armario no solo había unos pitillos, estaba repleto de minúsculos pantalones, por lo que la lucha no había terminado. No obstante, las enfermeras y mi familia fueron un gran apoyo para dar el paso y asumir que la 36 era equivalente a la enfermedad y que yo no iba a seguir enferma.

Ignacio

Maldita operación bikini. Todos los veranos la misma historia. No nos damos cuenta, pero la sociedad está obsesionada por el peso, las tallas, la figura, esos kilos de más. Cuando comienza a despuntar el buen tiempo es impresionante el bombardeo mediático al que nos someten: tienes que bajar esos kilos que te sobran para estar espectacular este verano, tienes que ser un «yogurín». La razón no es la salud, es estar guapo o guapa. El próximo verano fíjate bien, no hay ninguna, ninguna revista de los quioscos que no traiga un artículo o reportaje sobre la mejor dieta, cómo adelgazar, cómo conseguir la figura ideal, el mejor cuerpo o incluso ¡el culo perfecto!

Y lo mismo los anuncios de la tele. Todos y todas luciendo cuerpazo superfelices. La felicidad es estar tipazo, ese es el mensaje. Y en las farmacias (muchas de ellas vergonzosos bazares que nada tienen que ver con la ciencia y la salud), los escaparates repletos de reclamos para dietas, batidos y cómo bajar kilos. Las revistas de moda con modelos espectaculares, no solo guapas, sino delgadísimas. Y es que el canon de la belleza es estar delgada, como si los gordos no pudiéramos ser guapos. En resumen, mujeres esqueléticas y tallas mínimas.

Todos somos conscientes de esto, pero muy poca gente hace algo. Especial importancia tiene el papel de las autoridades, en cuyas manos está el poder legislar. ¿No es esto un modo de explotación de la mujer? Solo si eres guapa y delgada tendrás éxito y se te valorará. Vivimos en una sociedad en la que si eres gordito y poco agraciado estás condenado a ser un desgraciado, a ser rechazado por el grupo, a ser un paria.

Cuando ya peinas canas (incluso ni eso) y tienes experiencia en la vida, has aprendido a valorar las cosas y a las personas y vas descubriendo qué es lo realmente importante en la vida, y descubres que, como en la Bella y la Bestia, lo importante está en el interior. Quieres y valoras a las personas como son, no por lo que son. Pero cuando tienes trece o catorce años y estás en pleno desarrollo de tu personalidad, todo te influye, sobre todo el grupo, el qué dirán y cómo me ven los demás. Y quizá no tengas los recursos suficientes para escapar de esta tremenda presión mediática. No es nada fácil hacerlo cuando tu felicidad depende de tu peso, de la maldita talla. Nunca he entendido por qué un número marcado en la etiqueta puede llegar a ser tan importante en la vida de muchas niñas y hacer tanto daño. ¿Por qué no llevamos la ropa que nos siente bien y con la que estemos cómodos y ya está? ¿Por qué la felicidad de mi hija tiene que depender de un número? ¡A la mierda la operación bikini!

La presencia del padre

AZUCENA

La anorexia nerviosa irrumpe en las familias y las destroza como un tsunami. Lo que eran momentos entrañables en familia en torno a una mesa, se convierten en un suplicio para todos. Si para las protagonistas ya es una tortura comer, esto empeora cuando tienen a varios familiares observándolas. Los padres deben convertirse en los «polis malos» luchando contra un villano al que no comprenden. En esa etapa, los padres suelen comenzar a ofrecer la libertad que se merecen sus hijas, hasta ahora complacientes y maravillosas mientras ellos también empiezan a recuperarla de nuevo como pareja. Pero llega la maldita anorexia y lo tritura todo. Sin miramientos. Sin descanso. Ya no se les debe permitir salir solas, deben acudir cada ocho horas a casa a comer, a sufrir. Una pérdida, un retroceso. Para los hermanos supone también un mazazo: temporalmente pierden a su hermana, que pasa a convertirse en un ser gris y mezquino, y a sus padres, ausentes por la sobreimplicación que se les exige ahora.

Recientemente atendimos a otra ANita que afirmaba convencida que se negaba a salir de su enfermedad porque eso provocaría que sus padres se separaran. Sacar a la luz ese pensamiento tan distorsionado en una niña, por otra parte, tan madura y cabal, supuso el inicio de su curación.

Si esta situación es tremendamente dolorosa para cualquier grupo familiar, imaginemos cómo son aquellas en las que los padres (varones) no llegan a aceptar ni a entender lo más mínimo lo que les ha tocado. La anorexia no es un pulso típico de la adolescencia, ni un reto debido a la rebeldía de la edad, ni un antojo, ni una elección de una niña. Hace diez y quince años encontrábamos con frecuencia este tipo de padres estancados en la fase de negación de la enfermedad, padres que jamás llegaban a acudir a consulta o, si lo hacían, era en actitud de resignación o incredulidad. Estos padres, a los que coloquialmente conocemos como padres-chófer, ni siquiera entraban a la consulta. La evitación es una forma de afrontamiento como cualquier otra. Ellos también sufren mucho, muchísimo, desde la incomprensión, sin tener el consuelo que encuentran otros padres que son capaces de entrar, escuchar y tratar de entender. No pueden soportar que su preciosa niña acuda a un denostado psiquiatra.

Pero, por fortuna, esos roles heredados de nuestra sociedad machista se van adaptando. Hoy por hoy, estos padres-chófer constituyen una minoría. En el caso de Ana, su padre no ha faltado a una sola consulta. Siempre paciente, exquisito en el trato, con una mirada que irradia infinito amor, no solo hacia su ANita, sino hacia su esposa y hacia el resto de sus hijos. Jamás una mala cara. Jamás una expresión de escepticismo. Estoy convencida de que su presencia, a veces silenciosa pero siempre apoyando incondicionalmente, ha ido sacando adelante a Ana día a día. Sois admirables, Ignacio y Pilar. Gracias por esta lección de vida.

No eres nadie

Nunca olvidaré lo perra que es esta enfermedad; llega a hundirte por completo. Me acuerdo de esas tardes en las que salía con mis amigas, paseábamos, hacíamos bromas, nos reíamos y... merendábamos. Cuando volvía a casa no saludaba a nadie, subía corriendo a mi habitación y me encerraba. Lloraba y lloraba, me miraba al espejo una y otra vez, me palpaba los muslos y me hundía en la miseria. Me desnudaba y la cosa empeoraba por momentos. Mi supuesta panza hacía que cada vez me odiase más y más. Tras varios minutos llorando iba al baño, me desmaquillaba y trataba de provocarme el vómito de la poca merienda que había tomado. Sí, esa tarde me había permitido el lujo de merendar...

Luego bajaba a cenar con mi familia, las piernas me temblaban, todo era ansiedad. Me sentía estúpida y obesa, me daba la sensación de que estaba comiendo a todas horas. Recuerdo una ocasión en la que mis padres y yo íbamos a cenar y traté de escabullirme diciendo que me encontraba mal. Mi madre ya se olía, una vez más, mis tácticas, y trató de hacer lo más amena posible la situación. Sin embargo, mi pánico por comer era enorme. Nada más sentarme en frente del plato me eché a llorar.

Tenía miedo de darle un bocado a la cena. Analizaba cada milímetro del plato, trataba de calcular cuántas calorías tenía y cuántas sentadillas o abdominales iba a tener que hacer para quemarlo al día siguiente. Entonces mi padre, abrumado por la situación, trató de hacerme entrar en razón. Supongo que oír de vez en cuando las cosas bien claras de la mano de mis padres, que son las personas que más me quieren en este mundo, me ayudó a que, poco a poco, fuera abriendo mi mente. No obstante, no fue aquella noche cuando me di cuenta de lo frágil que estaba, sino mucho más adelante. Tras la cena, recogía los platos, subía rápidamente a mi habitación y me mataba a hacer flexiones y abdominales hasta que caía rendida y me dormía entre sollozos.

Durante más de dos años he estado sumida en esa tristeza y odio hacia mi físico. Me decía a mí misma «si no estás delgada, lo perderás todo, nadie te querrá, ningún chico se fijará en ti...». Cuando iba al colegio sentía que todo el mundo me miraba, que todos opinaban sobre lo rechoncha que estaba. Me sentía insignificante. Había días en los que deseaba morirme, que me atropellase un coche, porque no soportaba la idea de que la gente me viese así, gorda. Todo mi cuerpo me repugnaba. Sentirme tan insignificante y poco valiosa aumentaba mis ganas de adelgazar. Pensaba que una vez alcanzada dicha meta, todo volvería a la normalidad, pero me sentía incomprendida; no me cabía en la cabeza cómo la gente no entendía mi preocupación por el físico, por la talla del pantalón, por las apariencias, por estar continuamente perfecta...

Pero poco a poco, conforme pasa el tiempo, estoy aprendiendo a quererme. Aún me cuesta. Siempre tiendo a ver muchos más defectos que cualidades, pero cada vez me voy apreciando más, voy entendiendo que lo que de verdad importa no es si tienes un pelo precioso, unos ojos alucinantes o una talla 34, sino cómo eres tú. Aun así, he de admitir que cuesta. Sobre todo, en mi caso, que soy un poco «maruja» y opino sobre todo y todos, pero con el tiempo te das cuenta de que eso te hace ser peor persona, que ser guapa y delgada —por constitución— no tiene ningún mérito, pero ser guapa por dentro sí. Tienes que aprender a sacarte partido y demostrar a los demás y a ti misma que sí que vales la pena, que eres alguien y que puedes con la anorexia y con mucho más.

Ignacio

Es muy difícil entender la anorexia. Sobre todo para un padre. Una vez leí que es muy frecuente que haya un gran distanciamiento entre el padre y su hija anoréxica, incluso broncas y grandes discusiones. No se entiende cómo una niña guapa, muy guapa, no quiera comer. Piensas que es una tontería de niña consentida y te dan ganas de darle un par de bofetadas y gritarle ¡déjate de chorradas y come! No entiendes que se obsesione por la comida y menos que se vea gorda, ¡pero si está en los huesos! Crees que son manías de niña y que, con un poco de autoridad, se arregla.

Te cuesta ver que es una enfermedad, que no son manías de adolescente. No puedo meterme en su cabecita. Pero gracias a los médicos, y sobre todo al apoyo en todo momento de mi mujer, he conseguido al menos aceptarlo, aunque muchas veces me cueste ver su sufrimiento interior. Muchas veces me he tenido que repetir a mí mismo: «es una enfermedad, es una enfermedad».

París

A los pocos meses del diagnóstico, a principios del mes de julio, mis padres organizaron un viaje familiar a París conmigo y mi hermana. La idea de estar varios días yendo a comer a restaurantes saboreando la típica comida francesa llena de calorías me aterraba. Además, solo pensar que iba a compartir habitación con mi hermana y que no podría hacer mis flexiones y abdominales diarias me producía una enorme ansiedad. No sabía qué hacer y la angustia se apoderaba de mí.

En vez de ver este viaje como una oportunidad de conocer mundo con mi familia y practicar mi francés, lo veía como una forma de engordar. Pese a ello, la idea de no poder llevar los batidos plagados de calorías me calmaba un poco... Aunque esa paz no duró mucho: en cuanto pisamos París, mi madre lo primero que hizo fue ir a una farmacia a comprar la versión francesa de los dichosos batidos. «¿Pero esta mujer no tiene otra cosa mejor que hacer?» Me entraron ganas de llorar y gritar, quería morirme, desaparecer, despertarme ya de esta pesadilla.

Los días se me hicieron eternos, no disfruté de las calles de París, ni del museo del Louvre, la torre Eiffel, Notre Dame, o de los paseos en barco por el Sena. Y por supuesto no disfruté de la comida francesa. Mi cabeza solo se concentraba en quemar calorías durante los largos paseos por la calles y barrios de la ciudad. Me iba consumiendo y solo quería llorar. Lo único que me reconfortaba era que, a la hora de tomarme el batido, como solíamos estar paseando, hacía como que me lo bebía y trataba de escabullirme y de tirarlo a una papelera medio lleno. Nadie sospechaba nada, mi plan salía como esperaba. Pese a conseguir escaparme de los batidos, yo seguía obsesionada por quemar calorías. Incluso cuando parábamos a descansar tras un largo día de turismo, movía continuamente las piernas de lado a lado. Aquello me reconfortaba, me hacía creer que todo marchaba bien, que todo estaba bajo mi control... Pero cuando volvimos de París, no todo salió tan bien.

Ignacio

Mi mujer y yo siempre habíamos soñado con ir de vacaciones al extranjero con los cinco hijos, pero nunca éramos capaces de ahorrar lo suficiente. Sin embargo, ese año tuvimos la oportunidad de pasar cinco días en París con nuestras dos hijas. La última vez que mi mujer y yo estuvimos juntos en la capital francesa fue cuando ella estaba embarazada de Ana, por eso nos hacía especial ilusión volver a la ciudad del amor con ella. Habíamos preparado con mucha ilusión el viaje, pero resultó ser un infierno. En un viaje de este estilo la idea es comer en cualquier lado, cualquier cosa. Pero no habíamos previsto lo que le podían suponer a Ana las comidas fuera de casa. Había que desayunar, comer y cenar en restaurantes o cafeterías, menús difíciles de «controlar». Fueron cinco días de una tensión continua, al mismo tiempo que procurábamos que estuviera distraída con las visitas, había que estar buscando algún sitio donde Ana se pudiera sentir cómoda comiendo. Notábamos que ella estaba súper tensa e incómoda, y su cara era todo un poema. Lo que pensamos iban a ser unas vacaciones inolvidables, se convirtió en un pequeño infierno, eso sí inolvidable. Prometo volver a París con Ana dentro de... un tiempo, para «hacer las paces» con esa maravillosa ciudad.

[Espero ansiosa ese viaje papá, ahora sí que sí].

El primer ingreso

El 30 de julio era un día caluroso en Pamplona, como de costumbre. Había vuelto de unos días de vacaciones con mi familia y tocaba cita con la médico. Después de París, pasamos unos días con mis primos disfrutando de su compañía, del sol y la playa, pero para mí seguían sin ser unas vacaciones. Todos los días trataba de esquivar a mi madre con sus cansinos controles sobre lo que comía o dejaba de comer, y por las mañanas tenía que tomar esos horribles batidos nutritivos de los que, cómo no, trataba de escaparme.

Un día la jugada no me salió bien y mi madre me pilló cuando tiraba el batido. Su enfado fue enorme, y con razón, esas tonterías repercutían en mi peso. El mundo se me vino encima. Ya no solo porque mi plan se había ido al garete, sino por la cara de insatisfacción y dolor de mi madre. Nunca olvidaré el momento en el que cerró la puerta y con los ojos llorosos me enseñó el brick del batido. Sin duda aquello me marcó. Su decepción e impotencia. Estaba destrozada y con razón. Por un instante el peso dejó de ser mi mayor preocupación y pasó a segundo plano. Entonces solo me importaba mi madre. Su mirada de impotencia jamás se me olvidará. Estaba desesperada y no sabía qué hacer conmigo. Mi padre estaba de viaje y aún nos quedaban varios días en la playa, unos días que, en vez de ser un descanso para todos, se volvieron un continuo control y un infierno.

A la vuelta de vacaciones estaba peor y el día de la consulta todo se supo. Ese mismo día, el 30 de julio de 2014 ingresé en la clínica con tan solo catorce años y con un peso mínimo. Esa misma tarde había quedado con mis amigas, pero mi enfermedad me impidió dar un solo paso más y estuve 40 días, 40 interminables días, ingresada. Fue un calvario, no solo para mí sino para toda mi familia, en especial para mis padres. Pero no había hecho más que empezar. Aún recuerdo el momento en el que entramos en la consulta de la psiquiatra. Comentamos la «evolución» y lo ocurrido durante las vacaciones. Tras una breve pausa, la doctora dijo «Llegados a este punto, Ana debería ingresar...». En aquel instante levanté la cabeza, miré a mis padres y vi su rostro incrédulo. Comencé a llorar.

Una parte de mí sabía que era lo mejor, que era el primer paso para recuperarme y que tarde o temprano este día iba a llegar. Entonces asumes lo ocurrido. No queda otra, ingresar o una vida repleta de odio, insatisfacción y opresión. Te dejas guiar por el equipo médico y, junto a tu familia, lo afrontas. El ingreso fue inmediato. De pronto aparecen sentimientos enfrentados. Por un lado, el deseo de curarte y de que acabe todo pronto, y por otro, la sensación de que el mundo se te viene encima. No lograba entender del todo por qué todos estaban en contra mía y me hacían esto. Me sentía incomprendida y traicionada por mis padres y amigas, ¿cómo podían permitir que me aislaran del exterior, me encerraran entre esas cuatro paredes y me obligaran a comer comida que para mí estaba llena de grasas?

No entendía nada, me entraban ganas continuamente de llorar, de gritar, de morirme en ese preciso instante y de que toda esa pesadilla acabase ya. Tras semejante decisión me abracé a mis padres, y el equipo médico me llevó a una salita con la encargada de llevar a cabo los ingresos. Nos recitó las normas y el procedimiento a seguir: al ser menor de edad había ciertas normas de ninguna forma negociables. Más tarde nos llevó a la que, durante seis interminables semanas, sería mi habitación. Una vez asentada, mis padres fueron a por mis cosas a casa. Mientras tanto, las enfermeras entraban y salían de la habitación. Supongo que era la novedad de la cuarta planta, acostumbrados a pacientes adultos querían conocer a la chica de catorce años. Sin duda, fueron un encanto. Sin ellas estoy cien por cien segura de que no lo habría podido soportar. Fueron un pilar incondicional, especialmente por las noches, durante las terapias y en los largos momentos en los que estaba sola y no recibía visitas. Quizás fue gracias a vuestra labor, vuestro cariño y apoyo que a día de hoy una de mis grandes metas en la vida sea llegar a ser, por lo menos, igual de buena enfermera que vosotras. Quién sabe, quizás en unos años compartamos pacientes o trabajemos en la misma planta; por ahora, solo sé que habéis sido y seguiréis siendo para mí y para toda mi familia, una bendición y un gran ejemplo a seguir. Un gracias se queda corto.

Acostumbrarme a la rutina de la clínica no fue nada fácil. Te levantaban a las ocho de la mañana y lo primero era entregarles una muestra de orina, hecha con la puerta entreabierta y la enfermera esperando fuera. Luego, en camisón y con la bata, me llevaban a un cuartito pequeño y allí llegaba el momento de la verdad: ¡el peso! Después de la ducha y de vestirme, el desayuno. Las mañanas se me hacían eternas, no recibía ninguna visita —por prescripción médica— y no podía tener ningún contacto con el exterior, por lo que tuve que dejar mi móvil. No podía tener ningún tipo de aparato electrónico, ni ver series online, ni siquiera hablar por teléfono con mis amigas o familiares; todas eran medidas preventivas para evitar cualquier tipo de desliz. Me limitaba a matar el rato haciendo pulseras, pintando, escribiendo y tratando de quemar calorías moviendo las piernas sin que se notase y que la cámara lo viera (la habitación tenía una cámara que grababa todo y estaba conectada al control de enfermeras).

Luego llegaba uno de los momentos más críticos del día: la hora de la comida. Las piernas me temblaban, inspeccionaba los platos y trataba de calcular cuántas calorías aproximadamente tendría cada uno. Recuerdo que una de las cosas que me ocurrieron durante el ingreso es que estaba tan enferma y obsesionada que llegué a pensar que la comida que me daban tenía más grasa de lo normal y que le habían echado unos polvos para hacerme engordar o algo así. Después de comer tenía que hacer al menos una hora de reposo total tumbada en la cama y, más tarde, llegaban las visitas de mi familia.

Soñaba con poder despertarme un día y que todo hubiera sido una pesadilla. Los días eran eternos y cada día perdía más y más la esperanza de poder recuperarme. Ya no tenía ganas de nada. Estaba sumida en una profunda tristeza. Yo no notaba mejoría alguna; mi cabeza seguía dando tumbos, mis piernas no dejaban de agitarse y mi esperanza por salir de ahí se desvanecía. Mi estado no mejoraba y un día los médicos me dijeron «O comes y colaboras o acabarás conectada a una sonda». Semejantes palabras se te quedan grabadas y, por un instante, pensé que quizá el hecho de tener una sonda conectada a mi cuerpo por la que me alimentasen, fuera menos duro que enfrentarme cara a cara con la comida.

Es muy triste ver cómo es tal tu obsesión por el peso y la comida que llegas a plantearte que quizás estar conectada a una sonda no sea tan mala idea; con tal de no enfrentarte al tenedor... De hecho, se lo comenté a una de las enfermeras. Ella supo escucharme y tratar de entender lo que mi cabecita se traía entre manos. Aunque, claro está, me explicó el proceso, las consecuencias y supo convencerme de que una sonda no era la solución. Un tubo que va desde la nariz directamente al estómago, por el que te alimentan a base de papillas, un tubo que garantiza una mejoría física, pero ¿y la psicológica? Eso va más allá de las papillas. Me animó a coger el toro por los cuernos, a aprender a controlar los pensamientos, a dejar de dar rienda suelta a mi enfermedad y a enfrentarme poco a poco al mendrugo de pan que tanto me aterraba.

Comenzó entonces la batalla entre la anorexia y yo, y te aseguro que la lucha promete, así que te animo a seguir leyendo.

Los primeros días solo podía ver durante unas pocas horas a mis padres y por separado, cada uno venía con uno de mis hermanos. Cada vez que venían a verme era un chute de energía para mí. Solían venir cargados de ropa, material para manualidades y fotos y más fotos que acabaron formando un mural que ocupaba una pared entera de la habitación, además, mi madre trajo bolis y post-its y cada vez que venían me escribían mensajes y palabras llenas de ánimo y cariño que ¡ME ENCANTABAN!

Conforme pasaron las semanas, el horario de visitas se fue ampliando y ayudó a hacer más llevadero las largas horas de la tarde. Otros ratos, el equipo médico y las enfermeras me visitaban, hacíamos terapia y hablábamos. También venían las logopedas de pediatría y hablaban conmigo, hacíamos manualidades y escuchábamos música juntas entre otras cosas. Conforme pasaban las semanas, me fueron permitiendo hacer más cosas.

El único contacto que tenía con mis amigas era por cartas que mis padres llevaban y traían. Al principio me costó bastante; echaba de menos abrazarlas, reírnos juntas, hacer el idiota. Sentía que cuando volviera a verlas todo habría cambiado, y tenía miedo de volver con muchos kilos de más y que ya no me quisieran. Cada día me hacían más ilusión sus cartas, llenas de optimismo y alegría, contándome los planes que hacían, sus vacaciones, las ganas que tenían de verme y todos los planes que pensábamos hacer cuando me recuperase. Todo eso me ayudó a salir de aquellos momentos tan angustiosos.

Cuarenta días dan para mucho. Las primeras semanas, al no poder salir, las enfermeras pasaron a ser mis «amigas». Hablaba con ellas de todo, me desahogaba, jugábamos a cartas a escondidas, nos reíamos, pero también lloraba con ellas. Fueron un gran apoyo. A lo largo del ingreso era importante mantener una rutina, tener la mente distraída, ya sea pintando, cosiendo, haciéndome la manicura, leyendo... Pero no es tan fácil. Hay momentos en los que me sentía muy sola. Al no poder salir de la habitación por ser menor de edad, mi aburrimiento iba a más. Estaba cansada, muy cansada de pasarme la mañana rodeada de abalorios, cola y acuarelas. Empecé entonces a darle vueltas a la cabeza y a darme cuenta de que mis esfuerzos no daban sus frutos. Comencé a perder la esperanza y entonces pensé «si aun comiendo no me dejan salir y ver a mis amigas, ¿para qué voy a seguir engordando?».

Pero, de pronto la cosa parece que cambia. Y por fin, después de varias semanas, se me permiten ¡las salidas! Parece mentira que después de varias semanas pudiera ir a casa por un par de horas a descansar y a disfrutar. Conforme pasaban los días, dependiendo de cómo fuera el peso, las salidas aumentaban. Aún recuerdo una de las que más ilusión me hizo. Por supuesto, ver a mis amigas fue un puntazo, aunque al principio andaba un poco insegura por miedo a su reacción al verme. Sin embargo, recuerdo con muchísimo cariño cuando vi por primera vez a una de ellas en el hall de la clínica, esperándome con un ramo de margaritas blancas. Nada más verla corrí hacia ella, la abracé y empezamos a llorar. Algo parecido ocurrió con cada una de ellas al volver a verlas.

Como no me estaba permitido andar mucho por miedo a que bajase de peso, nos limitábamos a pasear alrededor de la clínica, hablar y jugar a cartas hasta que tenía que volver a ingresar. Es entonces cuando te das cuenta de lo mucho que valen esas pequeñas cosas, esos detalles, esos ratitos que parecen insignificantes pero que lo son todo en la vida. Gracias a esas breves salidas, las cartas de mis amigas y el apoyo de mi familia, los días fueron pasando y cada vez creía ver más cerca el alta médica.

Pero estaba equivocada. En toda enfermedad es normal experimentar recaídas, pero en mi caso la situación era incoherente: el peso no aumentaba a pesar de que yo comía todo lo que me ponían y me bebía los batidos, y eso era indiscutible ya que la cámara lo grababa todo. Como consecuencia, llegaron las malas noticias y me restringieron las salidas otra vez.

Me llené de rabia y tristeza. Intentaba hacerlo bien, poner de mi parte pese a que me veía como una vaca de gorda y encima el resultado era nulo. Fue entonces cuando dejé de rezar, de buscar un sentido a todo aquello, de ir a Misa, de confiar en Dios... Mis padres comprendían mi desesperación, ya que ellos también la padecían, pero trataron de reconducir el tema, de animarme. Pero nada servía, me sentía abandonada por Él y punto. Me costó mucho recuperar la fe, pero con el paso del tiempo me di cuenta de que Dios es como el viento: no lo ves, pero lo sientes, siempre está ahí. En aquellos días yo ni lo veía ni lo sentía, o eso creía. Pero poco a poco vas juntando las piezas del puzle y encuentras un sentido a tanto sufrimiento. La anorexia ha sido un punto de inflexión en mi vida y en la de mi familia, y estoy segura de que nos ha unido mucho más de lo que ya estábamos. Es cierto que, aunque cueste verlo, el sufrimiento puede llegar a tener más cosas positivas que negativas. Hay quien me tomará por loca, pero al final de mi historia veréis cómo la lucha contra la anorexia me dio mucho más de lo que yo pude imaginar. Aunque no se lo deseo a nadie, reconozco que pasar por esta amarga experiencia y lucha me sirvió de mucho y ayudó a mi recuperación.

El día que me dieron el alta no me lo esperaba. Estaba a escasos días de empezar el curso y fue toda una sorpresa. Cuando entraron los médicos en la habitación y nos comunicaron la noticia, a mis padres y a mí nos entró un subidón: ¡por fin!, ¡por fin! Se acabó, ¡no más terapias, no más batidos, no más controles! Pero de pronto oyes «Te damos el alta, pero con una serie de condiciones: no te está permitido hacer deporte, mantendrás dos batidos y la medicación diarios, no podrás quedarte a comer en el colegio, y mínimo dos veces por semanas deberás comer algo de bollería, así como acudir semanalmente a revisión, y se establecerá una dieta semejante a la de ahora para que no sufras recaídas». No es posible, pensé. La pesadilla continuaba y, por si fuera poco, la doctora aclaró «que solo me daban el alta para que no perdiera clase; si no fuera por el colegio, seguiría ingresada». Entonces se me mezclaron un conjunto de sensaciones: por una parte, alegría por salir del encierro, también miedo a volver a la normalidad, y, además, algo de rabia e impotencia frente a semejantes normas.

Llega un punto en el que la enfermedad se apodera completamente de ti, de tu vida. No razonas. Solo piensas en quemar calorías y es entonces cuando tienes que dejarte ayudar. Debes confiar en tus padres y en el equipo médico, que son quienes quieren que te recuperes. Este ingreso me ayudó a abrir la mente, a entender que sí que estaba enferma, que no era un juego, y que podía llegar a costarme la vida. La lucha no había hecho más que empezar; ahora empezaba el «trabajo» de verdad, la vuelta a la normalidad, enfrentarme a la comida, los pensamientos yendo y viniendo... Eso sí, no estaba sola. En casa me esperaban mis hermanos, mis padres, mi familia y mis amigas. Un grupo de apoyo incondicional.

IGNACIO

Aquella consulta con la psiquiatra jamás la olvidaré. Es verdad que ya nos había anticipado que, si a la vuelta de las vacaciones no había mejoría, quizá Ana tendría que ingresar. Pero no hay más ciego que el que no quiere ver. Como de costumbre fuimos los tres, Ana, mi mujer y yo. Para nada nos imaginábamos lo que iba a pasar. Incluso Ana había quedado ya por la tarde con sus amigas, después de la consulta. Como siempre, primero estuvo hablando con Ana y luego nos llamó a nosotros. Lo soltó a bocajarro:

—Creo que lo mejor es que Ana ingrese en la planta de psiquiatría.

Yo me quedé mentalmente bloqueado.
—Pero ¿cuándo?
—Hoy mismo, ya.
Mi mujer, con mayor capacidad de reacción hizo la pregunta correcta a la médico:
—Si fuera tu hija, ¿qué harías?
—Sin duda alguna la ingresaría. Ana no ha mejorado en estos últimos meses, el peso comienza a ser ya un problema, su índice corporal sigue por debajo de la media, sigue sin venirle la regla. Hay que aprovechar el verano, los meses de agosto y septiembre, antes de que empiece el colegio. Si no actuamos ahora mismo, corremos el riego de que haya que ingresarla durante el curso y eso sería más problemático y traumático para ella.

La mente se queda en blanco. No reaccionas. Ni siquiera lloras porque estás bloqueado. Sientes dolor, la angustia duele, es un dolor físico, real, profundo, frío, vacío. Te agarras a la mano de tu mujer. Juntos. Miras a Ana y la ves frágil, un cuerpecillo débil, llora sin hablar. Ella se deja hacer.

—De acuerdo.

Inmediatamente la «maquinaria» se pone en marcha: médicos psiquiatras, psicólogos clínicos y enfermeras de planta. Todos son conscientes del momento y su delicadeza es máxima. Ana ingresa con catorce años, menor de edad, en una planta de psiquiatría donde ella es la más pequeña. Por ser menor, nos explican que deberá permanecer aislada, sin contacto directo con el resto de pacientes, en una habitación con cámara de vigilancia. Solo podremos visitarla los padres un par de horas por la tarde. Más adelante quizá los hermanos, pero nada más. Es muy importante preservar también su intimidad. Nada de amigas. Nada de móvil. Mi mujer y yo fuimos a casa a hacer una maleta con lo imprescindible. La dejamos ingresada esa misma tarde, con un dolor desgarrador. Recuerdo que yendo a casa en coche yo lloraba tanto que tenía hipos como los niños pequeños y mi mujer se asustó: «Aparca en el arcén y ya conduzco yo».

Enseguida te asaltan las dudas: ¿estamos haciendo lo mejor?, ¿de verdad está tan mal que hay que ingresarla?, ¿no es mucho mejor que se quede en casa y nosotros la cuidamos? A partir de ahora voy a ser superestricto y no le voy a pasar ni una. Uno de esos días hablamos con mi cuñado, médico de formación, aunque no ejerce, y un tipo bastante sensato. Nos dijo que habíamos hecho lo correcto, durante las vacaciones él la vio bastante al límite. Aquello nos tranquilizó. Ahora, años después, no tengo dudas de que fue la decisión correcta, pero ese verano fue muy duro para todos. Como nos dijo la médico, el peso no mejoraba, y no solo físicamente sino también mentalmente iba a peor. Llevaba ya varios meses con amenorrea —ausencia de menstruación—; en situaciones de desnutrición el propio cuerpo se «defiende» y ahorra energía de esa forma.

Durante su ingreso, al principio solo podíamos ir a visitarla unas horas por la tarde mi mujer y yo. Intentábamos distraerla, contarle cosas entretenidas, hacer manualidades con ella. Poco a poco también sus hermanos pudieron visitarla. La habitación se llenó de fotografías y recuerdos. Con el tiempo, pudo retomar el contacto con sus amigas a través de cartas. Nosotros hacíamos de correo y se intercambiaban largas cartas que a Ana le hacían una ilusión enorme. En el fondo, le daba pavor pensar que, con el ingreso, fuera a desconectar de su grupo y se olvidaran de ella: ¡tenía catorce años!

Una semana antes de empezar el colegio le dieron el alta. Ana estuvo ingresada un total de cuarenta días. El día que le dieron el alta, yo mismo pensaba que ya estaba, que con eso todo se había solucionado y que, por fin, ya estaba curada. Pero no. La médico fue muy clara: le daban el alta para comenzar el colegio, pero a partir de ahora tendría revisión semanal con psiquiatría y con una psicóloga, debería seguir una dieta concreta, un par de batidos hipercalóricos diarios, mejor ir a casa a comer en vez de comer en el colegio, nada de deporte en el colegio y nada de ejercicio, y confiar en que no volviera a ingresar por Navidad. La alegría de por fin dejar el ingreso se oscureció por la cruda realidad: Ana no estaba curada, y se cumplía lo que la médico ya nos había anunciado desde el principio, la anorexia es una enfermedad muy larga que dura varios años.

El porqué de los ingresos

Azucena

La belleza de la profesión de médico viene derivada del equilibrio. A un lado de la balanza está la empatía, o incluso, por qué no decirlo, el amor que llegamos a sentir por nuestros pacientes. Al otro, la frialdad necesaria para tomar decisiones difíciles de aceptar, pero que sabemos beneficiosas, porque así lo hemos estudiado, primero, y experimentado, después. La sabiduría que queremos alcanzar para llegar a ser «un buen médico» solo se consigue tras muchas experiencias y años. Al principio de nuestra andadura debemos tener fe casi ciega en nuestros maestros.

Tratamos de ser amables y agradables, pero nos damos cuenta de que eso no les sirve. Necesitan firmeza, decisión, por difícil que pueda llegar a ser. Luego vamos desarrollando nuestro propio criterio, con dudas. En la etapa de madurez profesional, ya nos podemos permitir actuar con seguridad. Pero siempre seguimos aprendiendo y necesitando la opinión y el apoyo de los compañeros.

La anorexia es una de tantas enfermedades que no se puede tratar si no es en equipo.

Cuando vamos viendo que la curva de peso de nuestras ANitas no sube a pesar del esfuerzo a veces sobrehumano de todos los del equipo A, toca plantearse otras medidas. Cambios en las dietas, batidos hipercalóricos, más supervisión y presión por parte de los padres, limitación de actividades físicas, vigilancia estrecha de tiempo libre, mediación de otros referentes (profesores, amigos...). Todo comienza a resultar inútil. La amenaza del ingreso, a la que venimos recurriendo habitualmente meses antes, que resultaba lejana e inverosímil, cobra vida. Llega un momento en el que sabemos que es la única vía. No hay otras soluciones. Sabemos también que la decisión es impactante. «Yo ingresada en un manicomio, no estoy loca», «Nuestra hija en psiquiatría, qué dolor más inmenso, ¿qué hemos hecho mal?».

Olvidemos los prejuicios y el estigma. Estamos muy por encima de todo ello. Los tratamientos que aplicamos en psiquiatría se basan en evidencia científica, como en cualquier otra especialidad. No hay hipnosis, ni traumas ocultos, ni hechizos, ni divanes, ni brujería.

En otras ocasiones, las familias acuden desesperadas para una segunda opinión, que no suele ser la segunda, sino que se aproxima más a la enésima. En algunos casos, por resistencias pasivas a aceptar la enfermedad que les llevan a cambiar de profesionales. En otros, por una auténtica falta de profesionalidad de esos médicos, nutricionistas o psicólogos. Aunque no es mi intención criticar el trabajo de los demás compañeros, es una realidad que muchas ANitas y sus familias sufren negligencias. Psicólogos a los que llevan años acudiendo y no las han remitido nunca a un médico, ni siquiera las han pesado. Médicos de otras especialidades que les inducen la menstruación con un tratamiento hormonal, sin decirles que la causa de su amenorrea es una anorexia, o les realizan múltiples exploraciones innecesarias en busca de otras causas.

Otras causas que no sean psiquiátricas, porque algunos no acaban de integrar que el cerebro pertenece al cuerpo humano. Farmacéuticos que siguen vendiendo potingues inmundos a menores malnutridas sin alertar a sus familias. Profesionales y familias que deciden esperar. Esperar... ¿a que la situación se agrave? No es una buena estrategia, créanme.

A estas niñas, a las que recibimos ya en condiciones extremas, solo les queda el ingreso como primera y única opción. Hace años recibimos a una chica deprimida, desnutrida y con múltiples alteraciones en sus análisis. Los varios psicólogos a los que había acudido —con los que no tenía mucho *feeling*, decía—, hablaban con ella de forma incesante de posibles traumas, había que encontrar el origen de su mal. Sus nutricionistas no daban con la fórmula adecuada para que ganara peso. No quería tomar un antidepresivo porque tenía miedo de que le hiciera «engordar». Tampoco los osteópatas tuvieron éxito. Una estancia en un país anglosajón para «cambiar de aires» solo contribuyó a empeorar la situación. Sus padres cedían ante sus enfermizas preferencias. Les transmitimos desde la primera consulta que su única opción era un ingreso. Nunca más volvieron. Todavía recuerdo su preciosa y desconsolada cara. Si diera la casualidad de que ella o su familia llegan a leer estas líneas, allí donde estén, les deseo que se haya recuperado.

Recuerdo la impresión que les causó a Ana y a sus padres la decisión del ingreso. Recuerdo que, una vez dentro de la habitación, me relataron que Pilar se había tumbado y abrazado a su hija en la cama. Recuerdo que pensé: «Sed fuertes, va a ser difícil, pero va a ir bien, todo pasa». Esa noche me dormí pensando en ellos.

Mi gran tesoro: las amigas y la anorexia

Tras el primer ingreso llegó el momento de volver a la normalidad. No fue nada fácil. La vuelta al cole se me hizo durísima. Todas mis amigas volvían de sus vacaciones de verano con cientos de historias y cotilleos que contar. Cuando me tocaba el turno a mí, el corazón me empezaba a latir a toda velocidad y me sudaban las manos. ¿Qué les iba a contar yo? Me había pegado casi todo el verano ingresada en una clínica. ¡A penas habían pasado tres días desde que me dieron el alta!

A pesar de ello, mis amigas me ayudaron muchísimo a incorporarme con total normalidad. Nunca les he llegado a agradecer a todas ellas lo que hicieron por mí esos meses. Por eso, ahora dedico un capítulo de esta historia a mis amigas, mi gran tesoro. Muchas veces no me doy cuenta de lo afortunada que soy de tener unas personas como ellas a mi lado, codo con codo.

Años después vi que esta es también vuestra historia. Me cuesta imaginar cómo os tuvisteis que sentir cuando te anuncian que tu amiga está ingresada en una planta de psiquiatría y que no es posible contactar con ella hasta nuevo aviso, que su estado de salud es delicado y que nadie sabe cuándo acabará todo esto.

Con catorce o quince años, semejante noticia es algo chocante, pero me quito el sombrero ante vosotras por cómo lo supisteis sobrellevar porque sé que no fue fácil, y porque estoy segura de que vuestras familias también fueron un gran apoyo. Así que gracias a ellos también por ayudaros a afrontarlo. Ya sabéis que, aunque os diera un chillo, me enfadara con vosotras u os pusiera cara de asco por vuestros consejos, os estoy más que agradecida por «entrometeros» a la hora de la comida discutiendo si tenía o no que acabar el plato, por las interminables terapias telefónicas y por vuestras cartas que, aún hoy, guardo como si de un tesoro se tratara. De vez en cuando las releo para darme cuenta de que verdaderamente os necesito y que, sin vosotras, tampoco sería la persona que he conseguido llegar a ser. También os agradezco las pequeñas sonrisas, palmaditas en el hombro que siempre me dabais cuando sabíais que no era mi día. Todo esto, y mucho más, ha ayudado poco a poco a que hoy esté donde estoy. Habéis sido algo decisivo en mi recuperación. Como he dicho, esto es un capítulo más de mi historia, un capítulo lleno de sufrimiento, cariño y esperanza. Estoy convencida de que llegará el día en el que miraremos atrás juntas y veremos todo lo que hemos pasado y podremos gritar a los cuatro vientos que, por fin, esto ¡se ha acabado! Que se cierra la puerta a la anorexia y se abre otra nueva completamente distinta que seguiremos afrontando juntas. ¡Gracias!

Azucena

¿Qué papel juegan las «iguales» —amigas y compañeras— en los trastornos de la conducta alimentaria? Es frecuente que, cuando analizamos el inicio de los síntomas, las pacientes te hablen de las amigas y cuenten cosas del tipo: «Nos pusimos a dieta juntas, decidimos quitarnos unos kilos de cara al verano...». En muchas ocasiones, profesores o cuidadores del comedor son testigos de cómo compiten entre ellas para comer menos, o se comparan y miden los muslos, la cintura y hasta ¡las muñecas!

Chicas, chicos, padres que nos estáis leyendo, por favor, reflexionad sobre esto. La constitución corporal es genética en gran parte, de modo que no pretendáis tener el tamaño de otra amiga. Cada uno de vosotros y vosotras es como es, ha nacido así. Padres, profesores, no permitáis estos comentarios, no facilitéis que se pongan a dieta. Si les limitáis los dulces, que sea siempre en términos de salud, no de adelgazamiento. Si queréis salud, animadlas a hacer deporte, id con ellas de excursión o a nadar. No a las dietas.

¿Qué debemos hacer si conocemos a alguien en riesgo o ya con síntomas de anorexia o bulimia? La influencia de las amigas y compañeras es la más importante durante la adolescencia. En esta edad, lo que piensen, digan, vistan o expresen las demás, prima sobre la opinión de los adultos que habían sido referentes en otras etapas. Padres, tíos, abuelos, profesores, entrenadores, médicos o psicólogos pasan a un segundo plano. Esto es comprensible y natural, todos hemos pasado por ello. Por favor, no perdáis la perspectiva. Para la mayoría de las chicas, un comentario aparentemente inocente sobre el peso o la figura queda en nada, o en una inquietud pasajera. Pero para otras, puede ser como esa primera raya de cocaína que destruye la vida de una persona y de su familia. Niñas, pensadlo bien, no os comparéis, no compitáis por la delgadez. Si tenéis una amiga obsesionada con la dieta, tirando comida, mintiendo, escondiendo, no permitáis que ocurra. Sed valientes, no temáis traicionar a esa amiga ni que os acusen de chivatas. En algún momento de su vida lo entenderá y os lo agradecerá. Contadlo a vuestros profesores, llamad a sus padres. Pedid ayuda.

Las recaídas: idas y venidas

Una vez retornado el curso y en pleno ambiente de estudio, la enfermedad volvió a ganar terreno. En casi todas las enfermedades es normal experimentar recaídas y altibajos. En el caso de la anorexia es muy difícil de controlar, no solo depende del peso sino del alcance y fuerza de tus pensamientos, y cómo estos pueden repercutir en tu estado y conducta. Volví a tirar a escondidas los batidos a la hora del desayuno y seguía matándome a hacer tablas de ejercicios ya que el deporte en el colegio lo tenía prohibido por los médicos. Tiraba el almuerzo a la papelera de camino al bus y trataba de escabullirme del pan o del postre para mantener mi conciencia tranquila.

Recuerdo que unas semanas antes de las navidades los médicos me advirtieron que, o ponía más de mi parte, o pasaría las vacaciones de Navidad otra vez ingresada. Sentía impotencia y confusión. Una parte de mí solo trataba de adelgazar por si en esas fechas cogía un par de kilos más, y otra me decía que ya era hora de cambiar. Las navidades... Una época de reencuentro familiar, de celebración, pero también la peor época para las anoréxicas. Oír hablar del menú de Nochevieja y Navidad, de quién se encarga del postre o de los canapés o de si la abuela se encargará un año más del jamón, solo me causaba miedo y ansiedad. Meses antes de las vacaciones empecé las tácticas de adelgazamiento para contrarrestar la subida de peso navideña.

No sabía qué hacer y pedí ayuda en el colegio a mi tutora. Mis padres fueron los primeros en introducirle la situación y todo lo que había ocurrido el año anterior y en verano con el ingreso. Reconozco que he tenido la suerte de tener siempre a mi lado a gente que lo ha dado todo por mí, que me ha escuchado tratando de comprenderme y ayudarme. Y así fue. Largas horas de charla con mi tutora que fueron abriendo mi mente muy poco a poco y me ayudaron a superar las recaídas, a aprender a razonar, a ver que, en la vida, no todo es blanco o negro, sino que hay una amplia escala de grises disponible. He tenido varias recaídas, pero siempre he contado con ayuda.

Para mí era importante contar con un apoyo como las tutorías, ya que podía abrirme a aquella profesora y contarle mis preocupaciones familiares, de amigas y desahogarme con todo lo relacionado con la anorexia. En aquel entonces consideraba a mis padres, los médicos y muchas de mis amigas como un obstáculo para mi meta de adelgazamiento. Pero, con el paso del tiempo, me fui dando cuenta de la importancia y el alcance que tiene dejarse aconsejar, incluso escuchar desde un punto de vista objetivo cómo te ven desde fuera. En definitiva, si intentas remar solo, el barco se va a pique. Necesitas ayuda para volver a izar la vela con firmeza y seguir a flote.

Azucena

Cuando recibimos a nuestras entrañables familias y niñas con anorexia, todos tratamos de augurar qué será de ellas: cuáles de ellas evolucionarán bien y cuáles no. A veces nos suplican que lo adivinemos, otras no se atreven a preguntarlo por miedo a la respuesta. Como término medio, el 70% de ellas se recuperan completamente en el plazo de cinco años; el 50%, en los tres primeros.

Otras continúan mostrando algunos síntomas característicos, aunque aparentemente logran una «vida normal», una remisión parcial. Tienen parejas, hijos, suelen ser profesionales de éxito, incluso acuden a banquetes. Estas mujeres mantienen una preocupación excesiva por el peso y la figura, más aún que el resto de mujeres porque, como ya sabemos, no tener esa inquietud es casi de extraterrestres en nuestra sociedad. Si las observamos, nos damos cuenta de que no soportan las comidas copiosas y se sacian solo con ver comer a los demás. Si llegan a ser madres, los embarazos les suelen ayudar a la remisión de sus síntomas esa temporada. Recuerdo una familia a la que atendimos hace muchos años. La niña sufría anorexia y estaba desnutrida. La madre, al relatar la historia de la enfermedad admitía que el embarazo para ella había sido «una etapa feliz, no verme obligada a meter tripa», o «saber que comía para el bebé y no para mí me resultaba liberador». Sin embargo, la recuperación tras el parto le había resultado muy dura, incluso se había sometido a una cirugía de reconstrucción de abdomen. Esta madre, en esta situación de una consulta para pedir consejo para su hija enferma, relataba que tenía «una cintura casi tan estrecha como la de la niña, compartimos la ropa». Se enorgullecía de su lema doméstico: «En nuestra casa no se pica entre horas». Envidiaba la «fuerza de voluntad» de su hija, lo que nosotros llamaríamos obsesión patológica. «Dadme vuestra opinión clínica sobre ella».

Es habitual que, en las familias de las chicas que desarrollan anorexia, esté presente la preocupación por la imagen, la figura y el peso. En ocasiones son familias aparentemente ideales, donde la expresión de sentimientos, y más si son negativos, no es bien recibida. Se fijan más en el aspecto, los resultados académicos o los éxitos artísticos, y los comentarios relativos a estos aspectos van haciendo mella en sus hijas. Ellas quieren agradar a sus padres y a todo su entorno. Algunas tienen otros hermanos que han causado problemas, por lo que representan a la hija ideal, la esperanza y el orgullo de sus padres.

Por fortuna, la mayoría de nuestros padres de ANitas, se sentirán identificados al leer que están dispuestos a engullir canelones con bechamel de primero, pizza de segundo y helado con donuts de postre, para lucir *michelines* con orgullo, y así poner un granito de arena más en la curación de sus hijas.

Las recaídas son muy frecuentes. Al igual que los alcohólicos o los adictos a cualquier otra sustancia, nuestras chicas suelen volver a dejar de comer cuando ya se habían recuperado (parcialmente). Por lo general, un período de menor supervisión como una estancia fuera de casa es una situación de riesgo habitual para las recaídas. La reaparición de la sensación de apetito que habían perdido, y que en muchos casos vuelve de forma voraz, les asusta y les puede hacer recaer. Cualquier otro estrés emocional, ocasionado por una ruptura de pareja, conflictos con una amiga, cambio de etapa vital, fallecimientos cercanos, etcétera, les influye sobremanera en esta etapa tan vulnerable. Y así como otros llorarían, se enfadarían, se aislarían o comerían de más, ellas dejan de comer.

El miedo a volver a recuperar el peso previo (nótese que evito el término erróneo «engordar») que en un momento del pasado aborrecieron, les obsesiona y les paraliza. Ese recuerdo lo suelen asociar a una foto concreta, en la que probablemente se han visto con «la cara muy gorda», situación que corresponde a los cambios típicos de la pubertad.

No olvidemos que en un 5-10% de los casos, la enfermedad se hace crónica. ¿Alguien ha visto alguna vez a un esqueleto andante con ropa gigante y poco pelo leyendo durante diez minutos la etiqueta de un alimento en el supermercado? Sola. Sin familia. Triste. Como una sombra siniestra. Ellas son las que han sido vencidas por esta enfermedad. Aquí estamos nosotros, toda la sociedad, para evitar que eso suceda.

Si habéis llegado hasta aquí en la lectura del libro, no os resultará difícil adivinar cuáles son los factores que determinan que una niña evolucione mejor de la anorexia. Una buena dinámica familiar, la presencia de ambos padres y el comer en familia permite que se le pueda supervisar mejor y se detecte antes el trastorno; todo ello mejora el pronóstico. El hecho de que ambos padres se mantengan unidos y estén convencidos de que esas conductas se deben a una enfermedad y no a otras causas como un capricho, la voluntad o un pulso de poderes, es vital para la recuperación. La ausencia de conductas purgativas como vómitos y laxantes, indica mejor pronóstico. También resulta favorable que tengan un buen ajuste social previo, es decir, que tengan amigas, vida social, aficiones y buenos resultados académicos. Si la anorexia se inicia tras un acontecimiento vital estresante, la evolución suele ser mejor. Por el contrario, el peso muy bajo en el momento de iniciar el tratamiento ensombrece la situación. Como se puede deducir, la mayoría de estos condicionantes se pueden controlar acudiendo pronto a un especialista. Eliminando prejuicios. Prejuicios que matan.

Una visita al endocrino: las complicaciones hormonales

Como es normal en este tipo de enfermedades, los médicos suelen tenerte bajo un control riguroso y te someten a todo tipo de pruebas y análisis: sangre, orina, hormonas, densidad ósea, masa muscular... En una de las visitas me tocó hablar con el endocrino. La verdad es que no me atraía nada la idea de volver a soltar a otro médico mi historia de cómo comencé con todo esto y cómo era mi vida. Estuvimos hablando durante bastante rato y hay algo que me dijo que nunca se me ha olvidado: «Cuando veo estas chicas que venís esqueléticas, la mayoría tristes e infelices con problemas médicos de severa importancia y luego miro a mi hijita pequeña, me imagino lo mal que lo deben pasar ellas y sus padres. Yo no soportaría ver cómo mi hija se va consumiendo por el simple hecho de que, ahora, unos desgraciados hayan decidido que la belleza de la mujer se basa en una espalda ancha, un culo estrechísimo y unos muslos como palillos, cuando la mujer, por naturaleza, es ancha de caderas y tiende a desarrollar unos muslos aceptables. Mientras que a nosotros, los hombres, el modelo que nos marcan es el del torso perfectamente tonificado, cuando todos sabemos que a una cierta edad nos empieza a salir la panza cervecera... Es una forma de esclavizar a las personas en función de su físico, y la gente no se merece esto».

Estas palabras se me quedaron grabadas y a la larga me hicieron ver que estaba basando mi felicidad en mi físico. Yo no digo que la moda sea mala. Es bueno arreglarse, ser coqueta, cuidarse, pero todo en su justa medida, porque si no, corremos el peligro de caer en la trampa de la anorexia, trampa de la que cuesta mucho salir.

Azucena

Cuando una niña en pleno desarrollo y crecimiento deja de ingerir suficientes nutrientes, el cuerpo se pone en «modo ahorro». Como los móviles, a los que se les puede agotar la batería a no ser que los enchufemos. Todas las funciones no vitales se ralentizan o se detienen. El pelo se cae y pierde brillo, la piel se seca, las manos y los pies se quedan fríos todo el año. Desaparece la menstruación, fenómeno conocido como amenorrea y en el que influyen varios factores: el eje hormonal que se controla desde la hipófisis cerebral deja de enviar señales a los ovarios para que sinteticen estrógenos. Estas hormonas, los estrógenos, también se fabrican en la grasa corporal, por eso las mujeres tenemos curvas. Por tanto, cuando la grasa se reduce, los niveles de estrógenos caen. La frecuencia cardiaca y la presión arterial disminuyen. Los glóbulos rojos (anemia), los glóbulos blancos (defensas, leucopenia), los niveles de glucosa, proteínas, sodio, potasio y otros elementos vitales se diluyen en la sangre.

Al dejar de ingerir calcio y, sobre todo vitamina D, que se encuentra en la grasa de los derivados lácteos, la síntesis de hueso se ralentiza. La menopausia precoz que padecen también contribuye a este fenómeno. La osteoporosis es una enfermedad que no duele, no se ve a simple vista y no se le da importancia a corto plazo. Sin embargo, cuando por el propio avance de la edad, los huesos comienzan a debilitarse, este efecto se magnifica en las ANitas. El riesgo de cifosis (espalda curvada hacia abajo con joroba) y fracturas de cadera o muñecas se dispara. Es decir, si no actuamos, si no se recuperan, les espera una vejez espantosa. Este es el futuro de las que fueron «princesas de cristal»: calvas, con huesos rotos y con joroba. Qué poco tiene que ver esta situación con el *glamour* de tener unos muslos estrechos, ¿verdad?

Quiero ser modelo

El sueño de muchas adolescentes es alcanzar el máximo nivel de felicidad: ser modelo. Estar desbordada de ropa, zapatos, bolsos, perfumes, entrevistas, sesiones de fotos y llegar a desfilar como un ángel de *Victoria Secret* con esas imponentes alas. Sí, lo admito, yo también llegué a soñar con eso. Quería sentirme especial, única, como Miranda Kerr, Adriana Lima, Blanca Padilla, Gigi Hadid, Kendal Jenner y otras muchas modelos a las que idolatraba.

Me imaginaba subida a una de esas pasarelas, llevando impresionantes vestidos, luciendo espectaculares trajes de baño y famosas marcas de lencería. Justo antes de comer echaban en televisión el típico programa sobre cotilleos de famosas, sus aventuras amorosas, los nuevos divorcios y las impresionantes fiestas a las que acudían todo tipo de celebridades. Cuando se acercaba la época de los desfiles de *Victoria Secret*, me apasionaba ver quién era la afortunada que llevaría ese año el *wonder bra* y cómo era el *casting* para conseguir entrar en el círculo de las grandes modelos.

La anorexia te hace creer que, estando esquelética y demacrada, podrás conseguir desfilar y ser una prestigiosa modelo. Pero no. Te sumerges en una profunda tristeza e insatisfacción. Aunque, sinceramente, sin irnos tan lejos como a las pasarelas de Milán o NY, el bombardeo en las redes sociales sobre el físico, los nuevos *packs detox* que anuncian cientos de *influencers* o sus impresionantes cuerpos exhibidos en playas paradisiacas hacen que tú, desde el sofá de tu casa, llegues a la conclusión de que tu mayor aspiración por el momento es parecerte a ellas.

No estoy en contra, ni criticando las redes sociales. Yo misma hago un continuo uso de ellas —a veces excesivo—, y por eso soy consciente del daño que pueden originar, especialmente a las chicas como yo que son capaces de basar su felicidad en las apariencias y en lo superficial. Preocuparte por estar continuamente perfecta o aparentar lo que no eres es uno de los muchos muros que plantea esta enfermedad. Que te preocupe el ancho de tu cintura hasta tal punto de llegar a poner tu vida en riesgo no es normal. Seamos sinceros, ¿de verdad crees que a alguien le importa si llevas una 38 o una 40, o la longitud de tus pestañas? No. La vida es mucho más que esos pitillos de tiro alto que solo te entran con calzador. La vida es tu familia, tus amigos, tus estudios, tus fracasos y tus sueños. Pero el sueño de ser modelo es el sueño de mi enfermedad. Yo no estoy aquí para desfilar. No creo que una vez que me hubiera pavoneado con ropa carísima y de alta costura me sintiese satisfecha.

Lo mejor de todo es que ahora me entra la risa al leer estas líneas, como si verdaderamente llegase a creer que en algún momento de mi vida fuese a ser modelo. No estoy en contra de las modelos ni de la moda, de hecho, los temas de moda me encantan, pero sé que si me sumerjo en ese mundo puede llegar a hacerme mucho daño. Y no quiero recaer. No quiero que se me recuerde como «Ana, la modelo anoréxica». Quiero dejar huella en este mundo, aportar mi granito de arena y dudo mucho que sea a través de las pasarelas.

Azucena

Querida Ana: a lo largo de estos años no solo te hemos acompañado en tu enfermedad, sino también en tu crecimiento como persona. Una de las decisiones más importantes en la vida de un adolescente es decidir cuál es su vocación. Todas las personas que somos felices en nuestro trabajo y hacemos de él una razón para vivir, podemos afirmarlo. Sé que has pasado por varias opciones para al final decidirte por una de las profesiones más especiales del mundo, la enfermería. Una enfermera es un ángel que nos acompaña y cuida en los momentos más vulnerables de nuestra vida. A menudo, su trabajo es mucho más relevante que el del médico. Ana, los que te conocemos sabemos que vas a ser una grandísima profesional, con tu dulzura y tu espíritu altruista, sumados a tu gran inteligencia, los pacientes que se encuentren contigo serán unos afortunados.

Una visita al ISEM: escuálidas modelos

En 4º de la ESO, el colegio nos llevó de convivencia a la capital, a Madrid. El tema de la convivencia era la moda. Nos enseñaron los principios básicos de cómo funciona una campaña de publicidad —algunas engañosas—. También hablamos de aprender a educar el gusto y, así, a través de la moda, demostrar quiénes somos. El viaje fue en autobús y, como era de esperar, un viaje lleno de gritos, zapatos tirados por el pasillo, olor a ganchitos y decenas de quinceañeras como locas cantando a grito pelado. Cuando llegamos a Madrid fuimos directamente al ISEM, *Fashion Businnes School* que la Universidad de Navarra tiene en Madrid. Allí se forman algunos de los futuros diseñadores, emprendedores, publicitarios y gente del mundo de la moda. Nos acogieron y atendieron muy bien. Nos sentíamos unas privilegiadas, cada una con su kit de bienvenida, su boli y cuaderno de notas y sentadas en unas sillas comodísimas y reclinables en un aula impresionante.

Al principio todo parecía ir bien, hubo varias charlas y cada una más interesante que la anterior. Hasta que en un determinado momento nos propusieron hacer un test personal sobre cómo crees que te afecta la moda, cuál es la talla a la que te gustaría llegar, si te consideras esclava de la moda, etc. Y junto con ello, una clara demostración de lo engañosa que puede llegar a ser una campaña publicitaria. Nos explicaron cómo son hoy en día las maniquíes y el efecto tan perjudicial que pueden tener en nuestra sociedad. Nos enseñaron fotos de modelos con las que todo el mundo se escandalizó de lo delgadas y esqueléticas que estaban, todas..., menos yo.

Tras la tensión de esta charla, llegó el momento de pasear por Madrid. Tenía un buen rato de tiempo libre y mi grupo de amigas y yo decidimos visitar tiendas e ir a cenar. Cuando llegó la hora de cenar, todas sacaron sus rebosantes bocadillos de tortilla de patatas, lomo con queso o salchichas. Yo, mientras tanto, me disponía a comer mi pequeño sándwich vegetal del que disimuladamente tiraba los bordes. Para tratar de calmar mi hambre me comí la fruta que tenía de postre y bebí todo el agua que pude. Después de cenar nos fuimos a un *Starbucks*. Todas con sus enormes vasos de chocolate caliente, cappuccino o batidos. Yo, en cambio, con mi dichoso batido hipercalórico que odiaba. Al pensar en esas 300 Kcal, decidí alejarme disimuladamente del grupo, fui al baño y tiré el batido por el lavabo, porque el retrete estaba ocupado. Se manchó todo y me puse muy nerviosa, abrí el grifo y empecé a mojarlo todo y secarlo con servilletas. Luego salí y continué con mis amigas como si nada.

Aquella noche la pasamos en un albergue juvenil. Fue bastante movidita, toda la noche corriendo por los pasillos, juntándonos en alguna habitación para comer chocolate y gominolas y saltar encima de las camas. A la mañana siguiente mi compañera de habitación y yo nos quedamos dormidas y bajamos tarde al desayuno. Quizá eso fue un punto a mi favor y, como excusa, solo tomé una manzana y un zumo de melocotón. Después de una mañana repleta de actividades, fuimos al parque del Retiro para comer. Los bocadillos que nos habían preparado en el albergue no tenían buena pinta, así que los tiré y me guardé solo un yogur líquido y una fruta.

Conforme pasaba el tiempo iba notando que las fuerzas me faltaban, solo había comido algo de fruta en todo el día. Ya en el autobús de vuelta, me sentía mareada y se me nubló la vista así que fui de asiento en asiento pidiendo algo de comer. Todo lo que no había comido en la convivencia me lo comí en el trayecto de vuelta a casa. Me di un auténtico atracón de chocolate, gominolas y ganchitos. Cuando llegué a casa no quise cenar. Solo quería irme a mi habitación, llorar y llorar.

Azucena

¿En qué momento qué mente perversa trató de poner de moda a esas mujeres escuálidas con aspecto enfermizo? ¿Por qué lo hizo? ¿Qué pretendía? ¿A algún hombre le atraen esas figuras demacradas y esas caras de angustia? Es un fenómeno incomprensible. En una ocasión, una conocida se dejó convencer para perder unos 8 kg para ser modelo, y cuando recuperó dos de esos kilos, la echaron porque había perdido la expresión de la cara que buscaban. Penoso. Denunciable. No se respeta la dignidad de las modelos, todas ellas jóvenes o incluso menores de edad. Algunas pasarelas han hecho conatos de regulación de las tallas de sus modelos prohibiendo, por ejemplo, que desfilen si tienen una talla 32 (¡¿32?!) o menos. ¡Pero si miden como mínimo 1.70 m! Otras diseñadoras han emitido discursos en contra de los trastornos de la conducta alimentaria para luego continuar exhibiendo sus creaciones en esqueletos con tacón. Sinceramente, no conozco a nadie sano, sin anorexia, que de forma natural lleve esa talla. Y si la conociera pensaría que estaría infinitamente más bonita con un poco más de materia entre su piel y sus huesos.

El antídoto contra la anorexia

Desgraciadamente no hay una pastilla que acabe con esto. No existe una cura exacta que la erradique, pero lo que sí hay es amor. No me gusta ser empalagosa y menos aún romanticona, pero es verdad: sin amor es imposible que salgas de esta enfermedad. Creo que hablo en nombre de todas las anoréxicas: ¡necesitamos ayuda! Aunque por nuestro orgullo nos cueste reconocerlo, ¡ayudadnos! Solas no podemos. Estamos perdidas, desorientadas. No queremos terminar conectadas a una sonda pesando unos pocos kilos y habiendo perdido la oportunidad de enamorarnos, reírnos por tonterías, ir a fiestas y conocer gente. ¡Queremos vivir! Necesitamos cariño y que nos transmitáis esperanza.

Tened confianza y paciencia —mucha paciencia—, con nosotras. Somos duras de roer. Habrá momentos en los que querréis tirar la toalla, ¡no lo hagáis! Existe una salida. Sin todo el cariño, confianza, esperanza y alegría que he recibido, puede que hoy no estuviese aquí. Por eso, os animo a todas esas madres que ya no sabéis qué más hacer y que estáis desesperadas, a no rendiros. Vuestras hijas os necesitan ahora más que nunca. Perdonadnos, no somos conscientes del sufrimiento que podemos llegar a causar con nuestros gritos, rabietas y caras de asco. Un edificio sin unos buenos cimientos no aguanta, se derrumba. Lo mismo pasa con nosotras, sin el amor como base, nos desmoronamos. Estamos hechos para amar y ser amados. No hay barrera que se resista al amor. En esta travesía, o remas codo con codo con tu familia, con tus amigas, con los médicos, o te vas a la deriva. Somos el futuro de esta sociedad, somos vuestras princesas, somos nosotras, merecemos la pena y ahora, más que nunca, os necesitamos. Sois nuestro antídoto, nuestra última esperanza. Solas no podemos.

Deja huella

La anorexia es un trastorno de la conducta alimentaria que deja secuelas en ti, tanto físicas como psíquicas. Durante la anorexia yo tuve pérdida de la menstruación, pero en otras personas puede causar anemia, osteoporosis, problemas intestinales, úlceras internas... Pero, para mí, las secuelas más importantes son las psíquicas. La anorexia te cambia por dentro, ya no vuelves a ser la misma que antes. En pleno auge de la enfermedad te vuelves fría, triste, egoísta, pero conforme te vas recuperando todo cambia. Ves la vida con otros ojos, amas de forma distinta, te preocupas por cosas que merecen la pena, aprecias las cosas de forma diferente.

En parte eres tú, pero a la vez no. Es como si te renovases y te convirtieras en mejor persona. Está claro que no te transformas en una chica perfecta, pero sí en alguien que merece la pena. Descubres que no sabes de lo que eres capaz hasta que lo intentas, y que la lucha te hace más fuerte. Si consigues salir de la anorexia, puedes conseguir todo lo que te propongas. Eso tenlo muy, muy claro. Eres una mujer bandera —recuerdo que así nos llamaba una profesora en el colegio. Quizás es cierto que tu relación con la comida no vuelva a ser la misma, puede que ahora ya seas capaz de comerte un trozo de pan, pero no lo disfrutas como antes. Vuelves a comer pasta, tostadas con mantequilla y mermelada, arroz, galletas..., pero ya no es lo mismo. No disfrutas como antes, hay algo en ti que ha cambiado y eso es algo que yo estoy experimentando ahora. Antes, cuando había pasta para comer, deseaba morirme porque pensaba que estaba obesa. Ahora la como, pero no la disfruto como antes. Igual es algo difícil de entender y es normal. Mis hermanos nunca llegaron a entender que ¡no quería comer! ¿Cómo me podía dar miedo un trozo de pan?, cuando ellos arrasan con toda la nevera en un solo asalto y siguen igual de felices o incluso más con el estómago lleno.

El sentido

Seguro que alguna vez te has preguntado ¿por qué yo gozo de tantas cosas cuando otros no tienen nada? ¿Por qué yo he nacido en esta familia concreta y no en otra? Siempre ha rondado por mi cabeza por qué a mí me ha pasado esto, por qué hemos tenido que pasar por este calvario mi familia y yo y no otros. Tratar de explicar por qué ocurren algunas cosas puede resultar desesperante, por eso, en vez de enfadarme con el mundo, intenté darle la vuelta al asunto y tratar de verle el lado «positivo» a mi enfermedad.

A veces nos preguntamos la razón del sufrimiento en el mundo. Quizá nadie tiene la respuesta. Es un misterio, pero podemos tratar de asimilarlo y sobrellevarlo. La anorexia es una enfermedad que, más que afectar al cuerpo, altera a la persona de tal forma que puede transformarla por completo. En los peores momentos de mi enfermedad me transformé en otra persona. Acabé siendo fría, infeliz, triste, pesimista, hiperperfeccionista y frívola. Esa no era yo; esa era mi anorexia. Cuando comencé la recuperación me volví más madura, feliz, sencilla, optimista y sonriente. Por eso mismo, en vez de sumirme en la desesperación y tristeza por haber pasado por eso, doy gracias a Dios porque ahora veo el final del camino. Quizá el sufrimiento no es del todo «malo»... Igual gracias a él te haces más fuerte. Mi familia se unió mucho más pese a que hubo momentos en los que todos quisimos tirar la toalla. Incluso quizás ayudara en cierta forma a mis amigas porque, tal vez, el hecho de que yo pasase por esa situación evitase que ellas se pudiesen ver enredadas también en un trastorno alimenticio al vivir de cerca las consecuencias que eso conllevaba. Es gracias a todo ese sufrimiento, a esa lucha, que consigues llegar a cualquier meta que te propongas, porque ¡si quieres, puedes! Y yo, mi familia, mis amigas y mi equipo médico **queríamos** «salir» de la anorexia y **pudimos**. Adelante, princesa, quiérete un poco más y lucha, porque puedes y porque tienes un porqué para luchar.

Yo por los míos
me meto en líos: la belleza de la mujer

La anorexia te las hace pasar canutas. Es una enfermedad muy dura que primero te va carcomiendo por dentro a ti y luego a los de tu alrededor. Nunca olvidaré aquel día en el que tuve un encontronazo con una de mis mejores amigas. Como muchas de las adolescentes de esa edad quieres verte guapa y delgada y te niegas a aceptar que quizás seas más ancha de caderas, seas «paticorta», tu pelo sea como una escarola indomable o tu nariz semejante a una berenjena. El caso es que un día mi amiga vino a mí preocupadísima porque no sabía qué hacer. Había estado horas mirándose al espejo y cada vez se encontraba más defectos. Me confesó que había intentado vomitar y me pidió consejo para tratar de escabullirse de las comidas y conseguir quemar calorías.

Aquello fue para mí un shock, me planté y me dije a mí misma y a la enfermedad que «con mis amigas ni hablar». Estuve hablando con ella y le dije que sabía por lo que estaba pasando y que la entendía, pero que todo eso era fruto de su imaginación, que ella era preciosa, no solo por fuera sino también, y más importante, por dentro. Gracias a Dios, ese episodio no se volvió a repetir, y a día de hoy mi amiga es una persona estupenda, que quizá no tenga un cuerpo divino, pero tiene un corazón enorme y la quiero mucho.

Pasado un tiempo, tuve una experiencia similar con otra compañera de clase. Ya había oído hablar de que, como tenía problemas en casa y con algunas amigas, había empezado a hacer tonterías con la comida. Su aspecto nunca fue muy llamativo, pero se rumoreaba por las clases que había dejado de tener la regla. Todo el mundo se escandalizaba, aunque a ella pareció no importarle mucho. Un día se me acercó y me preguntó qué es lo que yo hacía para estar tan delgada, y me pidió algún consejillo. En ese momento me comenzaron a sudar las manos y me entraron unas ganas terribles de llorar. Sentía vergüenza de mí misma. No supe qué responderle y me limité a decirle que ella estaba estupenda y que no le hacía falta perder ni un kilo más. Pienso en todo lo que me ha arrebatado mi enfermedad. Cuando veo el daño que puede llegar a causar a cualquier chica un simple consejillo de «belleza», me desmorono. No deseo que nadie tenga que pasar por la anorexia. Pero me doy cuenta de que esta enfermedad está cada vez más entre nosotras y que tenemos que ponerle fin antes de que reclute a más chicas.

Azucena

La mejor definición que he leído sobre la belleza en un ser humano es «una sonrisa tras la cual existe una gran inteligencia». Ellas, las ANitas, en su mayoría personas con inteligencia por encima de la media, pierden su sonrisa. No hay belleza en una mujer joven sin sonrisa. Ellas, las ANitas, pierden sus curvas. Las curvas, creadas para alojar a nuestros más preciados tesoros, los hijos, y que tanto maravillan a los hombres. Pueden llegar a perder la oportunidad de ser madres.

Me gustaría reproducir algunos fragmentos del tema *Guapa* de Domingo Antonio Edjang Moreno, El Chojin, magnífico rapero y compositor. Os animo a escucharla entera:

Se siente guapa. Lo lleva dentro.
Se mira y se gusta. Es real y se gusta.
Se ha liberado de la farsa impuesta, acepta que siendo imperfecta es como se es perfecta.
Ya no la engañan con modelos desfasados de mujeres sin fallos de anuncio de perfume caro (…)
Su autoestima no depende de su silueta.
Ella es simplemente una mujer con encanto, con sus altos y sus bajos (…)
Su habilidad es verse bien sin estereotipos,
Lejos de los prototipos que buscan los chicos.
Pasa, camina, brilla por dentro (…)
Es una persona de verdad, no una figura de mentira (…)
Es guapa.

Un consejillo (o varios)

Después de leer el libro de Nieves Álvarez sobre cómo venció a la anorexia, siempre he soñado con poder conocerla en persona algún día. En muchos momentos de flaqueza pensaba en ella, en cómo podría llegar a comprenderme por todo lo que ambas habíamos estado pasando. Creo que la mayoría de la gente no comprende a las personas anoréxicas, hasta que pasan por lo mismo. Por eso, esta parte de la historia va dedicada a todas esas chicas que, como yo, han caído, o pueden caer, en las redes de esta trampa que es la anorexia.

No te dejes engañar. Cada una de nosotras somos únicas, somos princesas, somos preciosas, con nuestros puntos buenos y no tan buenos. Trata de no cerrarte, de no aislarte, aprecia la ayuda y el cariño que recibes de otras personas porque, al final, es lo único importante y que te quedará. No te fíes de las revistas, páginas web o anuncios de dietas que te «garantizan» que, delgada, estarás estupenda, lo único que te garantizan es que esos dos euros que te ha podido costar la maravillosa revista van directos a sus bolsillos.

Acabarás enferma y, en el peor de los casos, conectada a una sonda. Hazte valer como eres y no por la talla de tu pantalón. Al fin y al cabo, la talla es solo un número que no da la felicidad. La anorexia está presente entre nosotras y es una lenta forma de suicidarte tanto física como psíquicamente. Te acabas aislando y convirtiendo en una frívola cuya mayor aspiración en la vida es estar delgada por encima de cualquier cosa. No olvides que siempre va a haber gente ahí fuera dispuesta a ayudarte, mucha más de la que piensas. Sé fuerte, consigue llegar a la cima porque las vistas son espectaculares. No pierdas la esperanza y menos aún la fe. Deja a un lado los laxantes, las dietas, el recuento diario de las calorías, las tablas de ejercicios. Párate a pensar: ¿de verdad merece la pena tirar mi vida por la borda, matarme de hambre para luego seguir siendo infeliz? ¿Merece la pena llegar a odiar a tus padres? ¿De qué sirve llegar a la talla 36 si luego deseo morirme? Nada de eso merece la pena. Aprovecha cada instante de la vida, disfruta de cada pequeño momento porque la vida, chicas, es un regalo que no podemos desaprovechar, solo hay una y yo la quiero vivir FELIZ y SANA.

Ella o yo

Todavía me cuesta imaginarme mi vida sin la anorexia. He aprendido a convivir con ella, a que forme parte de mí, a que detrás de Ana esté inscrita la palabra «anorexia». Poco a poco, conforme me voy recuperando, mi madre me advierte: «Ana, hay algo que te tiene atada, eres consciente de que tienes una enfermedad, la anorexia, pero no das el paso final. No terminas de tomar conciencia de que te está arruinando la vida, que no hay pacto que valga, es ella o tú». Yo seguía pensando que iba a ser enferma crónica. No podía creer que algún día llegara a comer un trozo de pan sin calcular las calorías que podía tener o pensar cuántos abdominales tenía que hacer para quemarlo. Sentía que, si hacía «un trato» con la enfermedad, todo sería más fácil. Podría controlar mi peso, mi ansia, el deporte que hacía... Pero no era sí. Si le das la mano a la anorexia para pactar con ella, no dudes que te cogerá el brazo. Te destrozará más y más. Por eso, os advierto: no hay pacto, trato o alianza posible que valga.

Un día, en la consulta, la psiquiatra me preguntó: «Ana, a día de hoy, ¿cómo de recuperada te ves?» Frente a esta pregunta quise ser optimista y contesté: «pues, supongo que entre un 60% y un 70%». Para mi sorpresa la doctora me sonrió y me dijo: «Confía más en ti y créeme que estás prácticamente recuperada. Es cierto que sigues con inseguridades sobre tu físico, sobre tu autoestima, sobre tu imagen, pero confía en mí, la anorexia llega a su fin». En ese momento, un chute de energía me invadió: «Estoy verdaderamente en la recta final, estoy a un paso de darte una patada en el trasero «querida anorexia». Pero al mismo tiempo, me asaltaban las dudas... ¿y si recaigo?, y ¿si se está precipitando la doctora...? Tú eliges si te quieres curar o no. Pero, si te curas, es para siempre. Nada de flaquear ni de dejarse engañar. Mi madre siempre recuerda una frase «si tienes fuerzas para destrozarte y dejar de comer, las tienes para salir del infierno», y es verdad. Ya está bien de ser esclavas de nuestro físico, de tratar de alcanzar la dichosa talla y de dejarse la piel en ello. No nos merecemos este calvario. Tenemos que plantarle cara, demostrarle a la enfermedad quiénes somos. No dejar que nada ni nadie nos destroce para que seamos «estupendas y preciosas». Así que ya sabéis, ¡a por todas!

El cambio de rol

AZUCENA

Afortunadamente, cada vez se va creando más conciencia acerca de que las enfermedades mentales en general, y los trastornos de la conducta alimentaria en particular, son eso: enfermedades. No obstante, todavía permanece un resquicio de fascinación en algunas de estas situaciones, como los trastornos del espectro autista de alto funcionamiento, las conductas suicidas y la anorexia nerviosa. Estas tres patologías inspiran hasta series de televisión, como *The good doctor, 13 reasons why o To the bone*, respectivamente. Si habláramos de una enfermedad en la que uno engorda, le sale vello por la cara, se le cae el pelo, o se le hincha la tripa, ¿qué pensaríamos? Nos parecería horrible esa situación, ¿verdad? Sin embargo, si el trastorno conllevara ser disciplinada, sacar sobresalientes, adelgazar y conseguir mucha atención... ¿Cómo lo veis? Mejor, sin duda. Más *glamour*, más caché.

La nueva imagen de las ANitas genera en su entorno un impacto a menudo muy difícil de desarticular. Algunos se ven a simple vista: la reducción en la talla, la imagen lánguida de persona solitaria que come pequeñas cantidades. Estos pueden resultar cautivadores y generar en determinadas personas sentimientos de admiración: «ojalá yo pudiera pasarme toda la mañana solo con una manzana, qué bien me vendría para esos michelines de la espalda». El ejercicio físico intenso que ellas logran realizar: ¿cuántos seres humanos mantenemos luchas internas para hacerlo más, más a menudo, y mejor? Ellas lo consiguen. Esos talles finos, a los que cualquier «trapito» favorece, son «una monada, con su cinturita». Que no nos dé vergüenza. Admitámoslo. Nos da envidia. Así funciona nuestro mundo.

Ellas lo saben, lo perciben. En fases iniciales de su enfermedad, se enorgullecen de ello. Se enrocan en su postura, por lo que los demás (padres, profesores, psicólogos, y médicos) «no tienen ni idea. Esto es un triunfo para mí». Han conseguido vencer sus dificultades. Construyen una nueva identidad «Soy una anoréxica». Este fenómeno resulta curioso y refleja una manifestación más del estigma de la psiquiatría. A las personas que padecen trastornos mentales se les atribuye esa identificación: «un esquizofrénico, un suicida, una bulímica, una anoréxica, un autista» (el corrector de texto no reconoce estos términos como erróneos). Me pregunto cómo resultaría generalizar esta costumbre a otras enfermedades relacionadas con otras partes de nuestro organismo: «un gastrítico, un esclerótico múltiple, un esguincero o esguincista, un cefaleico» (el corrector obviamente reconoce estos términos como erróneos). Ridículo.

Cuando comienzan a recuperarse, entran en duelo por la pérdida de esa nueva imagen e identidad que les venía acompañando durante meses, si no años. A algunas les resulta muy complicado crear una nueva, volver a ser la niña de antes. Primero, porque en su memoria han archivado que antes de ser ANitas, estaban inmensamente gordas, fofas, mofletudas y flácidas. La propia Ana ha empleado muchas veces esos términos. La enfermedad les hace aislarse, su apatía y cansancio les impide quedar, salir, divertirse. Dejan de interesarse por los chicos. Por supuesto, no se plantean ni probar el alcohol... ¡Con lo que engorda! El grupo puede llegar a dejar de contar con ellas, más si es para comer, claro. Segundo, porque las medidas terapéuticas que conlleva su recuperación suponen una ruptura vital. Todas requieren consultas y controles de peso frecuentes, algunas incluso ingresos. A menudo se les restringen algunas actividades como salidas con amigas «a comer». Qué difícil es encontrar actividades lúdicas en grupo en este maravilloso y gastronómico país, no relacionadas con comer y/o beber. El ejercicio físico se prohíbe temporalmente en las fases más graves en la mayoría de los casos.

La curación constituye un proceso de rehabilitación. Paso a paso, les acompañamos en el retorno a su vida de adolescentes. Con miedo nos vamos atreviendo a que vuelvan a entrenar, a baloncesto, fútbol o vóley, al principio solo un día. Les animamos, con la boca pequeña, a que salgan a caminar, pero con sus padres y máximo una hora. Ellas son las primeras en mostrarse reticentes a acudir a planes socio-gastronómicos. Pierden la orientación, desconocen lo que es comer «normal, sin pensar». Necesitan fijarse en cómo se alimentan otras personas. Se sienten observadas por sus amigas y compañeras. Pero con cariño, paciencia y tesón, lo logran. Lo logramos: ANitas, familias y equipos médicos. El equipo A vence al equipo B.

En algunos casos, aunque no en todos, los trastornos de la conducta alimentaria aparecen en el contexto de dificultades que pueden ser familiares, conflictos de amigas o parejas. Por ejemplo, padres poco presentes en la vida de sus hijas, demasiado ocupados, o matrimonios en crisis a punto de separarse. Para algunas chicas muy sensibles, estas situaciones pueden ser el caldo de cultivo de una anorexia o bulimia. A simple vista, en lenguaje coloquial podríamos pensar que ellas deciden realizar una huelga de hambre, en protesta, o que pretenden «llamar la atención». Hay que evitar estos términos. Ellas tienen un gran deseo de agradar, cumplir las expectativas de sus familias, han sido y son las niñas ideales. Ellas sufren, y verdaderamente, aunque no lo parezca. Las adolescentes necesitan supervisión y cercanía de sus padres. Tener límites claros y contar con su apoyo incondicional les hace sentirse más seguras. No lo debemos tomar como una frivolidad.

Además de las situaciones familiares, en otros casos pueden desarrollar la enfermedad en respuesta a un maltrato por parte de una pareja, incluyendo la coacción para estar delgadas, excesivo control o menosprecio. Las dificultades para adaptarse a un cambio de ámbito como una mudanza o estancia en otros países pueden desencadenar los síntomas. Es imprescindible explorar todas estas dinámicas familiares y sociales ya que, si descubrimos estos conflictos, los desvelamos, y el entorno lo acepta, lo entiende y promueve cambios, el trastorno puede llegar a resolverse. En la mayoría de las familias no existen estos conflictos tan claros. Los padres tratan de hacerlo lo mejor que saben y pueden.

Lo que sí es habitual, casi normativo, es que la enfermedad altere la dinámica familiar *a posteriori*. Las situaciones que se generan y las medidas de tratamiento involucran a todos de forma directa: los padres discuten más entre ellos, se resiente la relación de pareja y los hermanos se sienten menos atendidos.

Fátima

Ignacio

La anorexia es una enfermedad (cuántas veces me lo he repetido a mí mismo), y las enfermedades las curan los médicos. Ana era anoréxica y a Ana la han curado los médicos. Dicho esto..., continúo. Teníamos costumbre de ir a Misa los domingos mi mujer y yo con algunos de nuestros hijos. Fue durante el primer ingreso cuando un día Ana nos dijo que prefería no acompañarnos a la iglesia. Durante varios meses no quiso venir con nosotros. Por supuesto, respetamos su decisión. Siempre hemos respetado la decisión de nuestros hijos en esta materia. Dios nos hizo libres y nos quiere libres. Sin libertad no tiene sentido la fe. Dios es amor y para amar hay que ser libres. Es el misterio de la libertad humana. Pero eso no quita que sintiéramos un profundo dolor por la decisión de Ana. En realidad, su decisión de abandonar la práctica religiosa era un signo más de lo mal que ella lo estaba pasando en su interior. Pobrecita. A mí mismo también me estaba afectando.

El primer ingreso de Ana fue muy duro. Durante meses yo rezaba para que se curara, encomendaba a la Virgen y a algún que otro santo, pero el dolor y la angustia iban haciendo mella en mi fe. Me cansé. Leer algunos favores de santos que «milagrosamente» encontraban la lentilla que había perdido un fiel que les rezaba con devoción me cabreaba. ¿Es que no era más importante la curación de mi hija que algunos de los favores «tontos» que leía? Me sentía abandonado por Dios, solo. Me costaba rezar. No le encontraba sentido alguno. Estaba enfadado con Dios. ¿Por qué nos pasaba esto a nosotros? Caes en la tentación de compararte con otros. ¿Por qué a otros les «sonríe» la vida? ¿Por qué a mi Anita?

Tengo costumbre de hablar de vez en cuando con un cura amigo. Es un sacerdote mayor, con muchas «horas de vuelo». «La vida a veces es muy perra», me dijo. «No te voy a insistir en que reces estampas y rosarios. Te sugiero que te encares con el Señor, cuéntale cómo estás, enfádate con Él, y pídele que te ayude. Ana va a ser una de mis intenciones en la Misa. Él no va a dejar sola a Anita».

Recordé también lo que decía el Papa Francisco, que la Iglesia es como un hospital de campaña. En una guerra llegan al hospital heridos con las tripas abiertas, con hemorragias y heridas que hay que desinfectar y cerrar. En ese momento no vas al enfermo y le haces un análisis de sangre para ver cómo tiene el colesterol. Se está desangrando, se muere. Cuando lo hayas curado y esté ya estable, entonces sí, sí que puedes ir y decirle «ahora vamos a ver cómo tienes el colesterol o el nivel de glucosa en sangre» y hacerle alguna recomendación. Aquellas palabras del Papa Francisco y su insistencia en la misericordia me ayudaron mucho. Ana estaba con heridas de guerra y lo que necesitaba en este momento no eran estampitas; era cariño, cirugía mayor.

Comenzó una etapa de oscuridad. Y brotaba en mis labios la oración de Pedro, «Señor, tú lo sabes todo, tú sabes que te amo». La petición por la salud de Ana, se acompañaba de aceptar la voluntad de Dios. «Señor, no entiendo nada, cúrala, ayúdanos, no nos dejes, pero que se cumpla tu voluntad». Rezas y lloras, lloras y rezas. Dios tiene sus tiempos, también hay que tener paciencia con Dios. Y el siguiente paso, cargar con el peso. Te ofreces a cambio: mi salud por la suya. Y echas el peso en tus espaldas, pero solo no puedes. «Señor, no puedo, me canso, ayúdame». Y entonces, la paz. La seguridad de que algún día esto se acabará. La fe, el amor y la esperanza. Y acudes a Ella, a la Madre. «Madre mía, cuídala, es tu hija». Y recuerdas aquella historia que te contaron una vez de la madre que, desesperada, acudía a la Virgen para pedir por su hijo y sintió «No te preocupes, con el mismo amor que te quiero a ti, quiero a tu hijo. Déjalo en mis manos, todo se arreglará».

Ana

Siempre me han dicho que la curación de la anorexia está dentro de quien la padece, que no hay un jarabe o una pastilla que consiga curarte. La solución eres tú, tu lucha contra la enfermedad. Cuando tratas de salir de esta esclavitud hay muchos factores que pueden influir en el avance hacia la recuperación como la familia, los amigos, el colegio, pero uno muy importante y que, muy a mi pesar no he tenido muy en cuenta, es la fe. Aunque no lo supe apreciar en su día, fui criada en el seno de una familia cristiana, humilde, ruidosa, estrepitosa en muchas ocasiones, pero sin duda en una familia cariñosa donde nunca, nunca nos faltó amor, no solo el amor de unos padres, unos hermanos, tíos o abuelos, sino también el amor de Dios.

El segundo verano —el primero fue el del ingreso hospitalario— decidí ir a un campamento de voluntariado que organizaba un club de jóvenes, con mis amigas. A mis padres les pareció bien, después claro está de consultarlo con los médicos. Estaba muy ilusionada con eso de hacer voluntariado, de dedicar tu tiempo a los demás. Fue en ese campamento en Oporto (Portugal) donde comenzó una nueva etapa. Después de cinco días de trabajo intenso, el fin de semana fuimos de peregrinación al santuario de la Virgen de Fátima. La verdad es que el plan me parecía bastante aburrido. Tras una Misa en una de las capillas y un rato de oración que no aproveché mucho, llegó la noche y comenzó el rezo del rosario a la luz de las velas.

Una de mis mejores amigas y yo decidimos aprovechar nuestra última noche en Fátima para pasárnoslo bien, nos alejamos del grupo y nos fuimos a pasear por el santuario. En la zona de ofrendas en la que la gente enciende sus velas, decidimos robar cada una un cirio bien grande para ver cómo se consumía y, si se presentaba la ocasión, jugar con la cera y lanzarle un poco a algún que otro peregrino. Tras la oración, llegó la hora de lanzar los cirios con una intención a una especie de horno que había al lado de la Virgen. Debía de ser una tradición y, como ya no sabíamos qué más hacer con los cirios, decidimos participar en ella.

En ese momento nos encontramos con una de las monitoras del campamento que optó por acompañarnos en nuestro «ritual». Fue entonces cuando pensé que, por intentarlo, no perdía nada. A pesar de mi incredulidad, confié en la monitora, agarré el cirio con fuerza, cerré los ojos y pensé: «Madre mía, tú que también eres mujer y comprendes la preocupación que todas tenemos por estar guapas, por contentar a todos, sácame de este infierno de la anorexia y cúrame. Cúrame madre mía, en ti me apoyo, en ti confío». Y lo lancé al horno.

Un par de meses después, tras el segundo ingreso, fueron estas palabras las que despertaron esa fe que desde hacía meses se había esfumado: «Ana, este es el año de tu recuperación». Me di cuenta entonces de que, pese a haber sufrido un segundo ingreso, había alguien ahí arriba que se acordaba de esas palabras que pasaron por mi mente en Fátima. A veces no es Dios el que no responde, eres tú que no crees.

Tuve la suerte de coincidir en ese campamento con un sacerdote que supo escucharme y, en la medida de lo posible, ayudarme a abrir la mente no solo hacia Dios, sino hacia una posible recuperación. Me regaló una estampa de Fátima a la que él solía rezar y con la que me aseguraba que, si le rezaba, nunca estaría sola. Todavía hoy la llevo conmigo todos los días, sigo rezando —cuando me acuerdo— a la Virgen de Fátima por mi enfermedad y por el resto de princesas de cristal que pasáis por este infierno. Pronto se acabará, ya lo veréis. Hoy, por fin, me enorgullezco de poder decir que sí, que por fin he recuperado la fe y la anorexia se ha acabado.

Ignacio

Yo soy un tipo de ciencias, un tío racional. No soy milagrero, no me gustan los milagros, prefiero buscar la explicación científica. Pero creo en un Dios que lo puede todo y que puede hacer lo que le venga en gana. Al leer estas líneas que ha escrito Ana viene a mi memoria mi viaje de novios. Recién casados, mi mujer y yo nos fuimos unos días a la isla de Madeira. En esos años era el viaje de luna de miel que estaba de moda. Antes de llegar a Madeira pasamos unos días en Lisboa y, cómo no, nos acercamos a Fátima. La verdad es que me decepcionó, no me gustó mucho, me pareció un santuario «pasteloso», demasiado comercio alrededor. Quizá lo más bonito fue la pequeña capilla de la Virgen, donde asistimos a Misa y juntos, con la ilusión de los recién casados, rezamos por nuestra nueva familia y por nuestros futuros hijos. Hicimos una sencilla ofrenda y encendimos una vela a la Virgen por ellos. Tengo muchos amigos agnósticos y algunos incluso ateos, y me imagino que si leen estas líneas sonreirán con escepticismo: «todo tiene su explicación científica o es mera coincidencia». Las enfermedades las curan los médicos, pero a mí me gusta pensar que aquella vela que ofrecimos a la Virgen de Fátima mi mujer y yo recién casados por nuestros futuros hijos, nos la devolvió años después a través de Ana. ¡Gracias!

El segundo ingreso

Tras la vuelta del campamento en Portugal llegó la hora de volver a la revisión médica. Ya sabía que, si el peso no iba bien, ingresaría otra vez en la clínica. Y así fue. Cuando la médico nos dio la noticia, el mundo se me volvió a venir encima. Otra vez, otro ingreso ¡no! El primero había sido una de las experiencias más amargas de mi vida, ¡no podía pasar otra vez por lo mismo!, ¡otro verano ingresada! Para mi consuelo, esta vez no fue un ingreso completo, fue más «*light*», en hospital de día. Durante cinco semanas tuve que ir a la clínica de nueve de la mañana a cinco y media de la tarde. Pese a ello, también fue muy duro.

Esta vez se me permitía ir al comedor común con el resto de pacientes ingresados y acudir a sesiones de terapia con algunos de ellos. Las terapias de grupo me encantaban. Llegué a conocer a gente maravillosa que, pese a los golpes que da la vida, me transmitía confianza y sobre todo cariño. Allí coincidí con otras dos chicas un poco más mayores, que supongo estaban ingresadas por la misma razón que yo. Estaban más delgadas que yo y creo que más enfermas. Un día, durante la hora de comer, nos sirvieron de segundo un plato de carne y una de ellas le dijo en voz alta a la enfermera: «Perdone, ¿podría dejar la mitad, por favor? Es que es demasiado para mí». Al oír eso y ver aquel cuerpecillo huesudo suplicando que le quitasen comida del plato mi cabeza reaccionó y dijo: «Ana, sabes que no quieres acabar así, tienes que salir de esto, ¡basta ya!». Pese a que seguía tratando de escabullirme del pan y del aceite y que las enfermeras seguían «persiguiéndome» para que me lo comiera todo, sabía que iba evolucionando hacia el camino correcto, el camino de mi curación.

Otra de las cosas que más me marcaron de ese ingreso fueron las terapias. En concreto una de ellas en las que todos dibujábamos sobre lo que sentíamos y más tarde, si querías, compartías con el resto tus sentimientos. Recuerdo que una de las pacientes confesó que ella encontraba la fuerza para aguantar a través de Dios. Yo aún no había recuperado la fe y pensaba que eso eran tonterías. «Pobrecilla, esta se cree que es rezar y como si se chasqueasen tus dedos ¡¡*puumm!!*, ya no hay anorexia. ¿Te crees que si verdaderamente Dios te quiere estarías ingresada en una planta de psiquiatría?», pensé.

Ignacio

Este era su segundo verano ingresada. Esto estaba siendo más largo de lo esperado. Su salud quizá no peligraba tanto como el año pasado, pero seguía muy obsesionada con la comida y la figura, ¡se seguía viendo gorda! Aunque podía venir a dormir a casa, este segundo ingreso también fue un duro golpe. A veces tenías ganas de tirar la toalla, parecía que nunca íbamos a volver a la normalidad. Era agotador. Pero mi mujer y yo nos apoyábamos mutuamente, cuando yo estaba a punto de hundirme ella me animaba y viceversa. Desde el principio los médicos nos dijeron que, aunque el proceso de curación es largo, ellos eran optimistas con Ana. Había sido diagnosticada muy pronto, muy joven y en este tipo de trastornos cuanto más tiempo lleven, peor. Además, Ana tenía la suerte de estar rodeada de un ambiente propicio para su recuperación: una familia estable y un grupo de buenas amigas. El pensar que algún día esto se iba a acabar, te anima a seguir adelante.

Queremos salvarles la vida

Azucena

Tratamientos que parecen una tortura. Es cierto, no existe ningún medicamento que cure la anorexia. El tratamiento de la anorexia no es un castigo, pero ellas lo viven así. Algunos fármacos, como las benzodiacepinas, los inhibidores de recaptación de serotonina, o incluso los antipsicóticos, pueden ser necesarios. Se puede recurrir a ellos cuando el acto de comer genera una ansiedad muy intensa, los síntomas depresivos son muy importantes o los pensamientos obsesivos son graves. Pero el tratamiento fundamental es la renutrición y el proceso de psicoeducación y psicoterapia. Enseñarles por qué se produce su enfermedad, y qué pueden hacer para mejorarla es un proceso largo y difícil. Si es posible, en consultas de frecuencias variables, pudiendo ser necesarias visitas semanales. Si no es posible, recurriendo a ingresos hospitalarios totales, día y noche, o parciales, durante el día.

Se deben hacer controles de peso frecuentes, sin que ellas conozcan el dato. Esta indicación de pesarse de espaldas a la báscula, que a menudo les resulta humillante, se realiza porque el hecho de conocer su peso les empeora la obsesión. Asimismo, es muy recomendable que las básculas desaparezcan de las casas. Por supuesto que pueden deducir el dato por nuestros comentarios. Claro que nos damos cuenta de cómo estiran el cuello para intentar visualizar «el número» en la pantalla del ordenador, o en el papelito. Lo sabemos. La medida se debe registrar sin ropa, otra aparente deshonra para ellas. El motivo:

tener una referencia lo más exacta posible, y por supuesto evitar trampas. Todos los equipos que nos dedicamos al cuidado de las ANitas compartimos estrategias que emplean para engañar (¿engañarnos?, engañarse). Algunos ejemplos: tiras de peso de las que se emplean en costura enrolladas a la cintura, plomos de pescadores por dentro de las bragas, piedras en el sujetador, o cinturones de monedas pegadas con cinta adhesiva a su cuerpo.

Pero las indignaciones más intensas de las que somos testigos suceden cuando les pedimos que, una vez pesadas, ante la sospecha de un «timo», orinen, y se vuelvan a pesar. «¿Por qué? Si no tengo ganas...», suele ser la reacción habitual que les revela. Hemos llegado a cuantificar diferencias de hasta dos kilos y medio entre las dos mediciones. ¿Pero cómo puede ser semejante volumen en una vejiga de una niña menuda? Pues es, es. Nunca olvidaré a una ANita que pedía con insistencia que le dejáramos entrar al baño en el camino de la sala de exploración a la consulta, y luego salir al baño durante la revisión. Su madre nos había alertado de que había bebido una gran cantidad de agua antes de la consulta. Ante nuestra negativa de permitirle acudir, se orinó encima en la silla, en mitad de la consulta, empapándose y dejando un deshonroso charco debajo. Tenía diecisiete años, maquillaje perfecto, aspecto impecable. Luego vinieron las lágrimas. No dábamos crédito. De ahí pasó a ingresar directamente.

Otra indicación difícil de entender es la prohibición o limitación de las visitas de la familia durante los ingresos. Aun a sabiendas de que las estancias suelen ser largas —de varias semanas o meses—, y suponen un periodo de ruptura vital, debemos concienciarnos de la necesidad de que sea así. No es fácilmente comprensible para una niña y sus padres. Ellas viven invadidas por la obsesión de perder peso o mantenerse en un estado de desnutrición enfermiza. Y el hecho de ingerir algunos tipos o cantidades de alimentos les genera pánico. Enfrentarse a «enormes platos repletos de comida» o «repugnantes batidos con un temido número 300 en el envase» (referente al contenido calórico), les aterroriza. Todo este proceso lo deben realizar con el apoyo de profesionales.

Entre todos los fenómenos aparentemente incomprensibles a los que asistimos, el misterio de la actividad física es de los más extendidos. ¿Cómo puede ser que no gane peso, si come normal? ¿Por qué sigue bajando, si no la perdemos de vista? Los ingresos aclaran todos esos enigmas no resueltos. Les indicamos reposo de una hora después de cada comida, supervisadas en persona o mediante cámaras. Cuando empiezan a salir con sus padres, les obligamos a que ellos las vigilen.

Pueden no entenderlo. Somos conscientes de que podemos parecer poco empáticos o incluso crueles. Solo espero que estas líneas contribuyan a eliminar esas falsas creencias. Solo queremos salvarles la vida.

Lágrimas desordenadas

Tras el segundo ingreso, retomé la normalidad y volví a la rutina. Llegaba una de las fases más duras, ese momento en el que sabes que estás enferma, pero pese a ello, la enfermedad te tortura, te hace creer que vuelves a estar gorda, que ya nadie te va a querer, ningún chico va a fijarse en ti, que perderás el control y comerás en abundancia, y muchas cosas más. Cosas que te torturan y te destrozan por dentro. Es como una vocecilla dentro de ti que te machaca siempre que comes de más o que no haces suficientes sentadillas.

Recuerdo esos últimos días de aquel verano en los que me sumía en la tristeza y lloraba en mitad de las comidas, y mis padres se preocupaban como de costumbre. Acababa de salir del segundo ingreso, todos estábamos esperanzados y rebosantes de energía. Estaba mejor. Estaba consiguiendo salir de la enfermedad y de pronto..., otra vez, otra vez la misma mierda. En la visita semanal al médico, ella también lo notó. Sentía que de repente ya no me quedaban fuerzas para seguir luchando, sentía miedo y angustia frente a un simple trozo de pan. Por eso recurrí a los laxantes y a intentar provocarme el vómito. En esta ocasión, no conseguí vomitar pese a intentarlo varias veces, pero sí que tomé laxantes. Pero decidí rectificar, dejar de ser una esclava del físico y comenzar a cambiar pasito a pasito. Una idea que me ayudó mucho en ese momento fue la de proponerme añadir un granito de arena al mundo dando a conocer mi historia.

Ejercicio físico y anorexia

AZUCENA

El deporte y la actividad física son beneficios para la salud en general: reducen el riesgo metabólico y cardiovascular, mejoran la concentración, reducen la ansiedad, incrementan la sensación de bienestar, etc. Es habitual que cuando a una ANita le salta la chispa de la enfermedad, además de limitar sus alimentos, crezca su obsesión por hacer ejercicio físico.

En determinadas prácticas deportivas, como la gimnasia rítmica o el *ballet*, la imagen y la figura juegan un papel fundamental. Algunas de las chicas que se dedican a ellas perciben los mensajes de su entorno de forma magnificada. En otros casos, puede que realmente se les advierta de que su aspecto «no es el que buscan», o incluso se las rechace por su físico. Una reacción sana sería aceptarlo y buscar una alternativa, «a otra cosa, mariposa». Es muy probable que, si los padres apoyan a esa niña en el cambio de actividad y promuevan su adaptación, a ella le resulte más fácil. Pero no todas están preparadas para digerir este asunto.

Una de las situaciones más graves de las que he sido testigo fue la de una niña de unos trece años con anorexia severa. Venían para ingresar desde una localidad situada a varios cientos de kilómetros. Su obsesión era de tal magnitud que realizó todo el trayecto sentada sin sentarse, es decir, en posición de sentadilla (valga la redundancia), con los muslos y el trasero en el aire sin apoyar. Brutal. Los padres no daban crédito. Nosotros tampoco. Durante el ingreso, a pesar de permanecer acompañada o vigilada con cámaras, resultaba casi imposible controlar su hiperactividad física. Muchas familias nos relatan cómo sus niñas deambulan incesantemente cuando estudian, y eluden una explicación. O se abrigan poco para «quemar calorías».

El ejercicio cambia, ya no es una diversión o una evasión. Lo hacen a solas, en secreto, como un ritual, sometiéndose a una autotiranía radical, tratándose como esclavas. Las abdominales a escondidas son una rutina habitual para ellas. Otra estrategia habitual es fingir sentirse mal durante las vacaciones familiares para escaparse de la familia en la playa o en la piscina y esconderse a realizar sus tablas siguiendo videotutoriales (rutina quema-grasa, circuito perfecto para eliminar el flotador, define tu silueta, tonifica al máximo, trucos para adelgazar y de forma definitiva...). De verdad, ¿nos toman por imbéciles? Lo parece.

En los gimnasios no es difícil identificar a una ANita: figuras espectrales con una energía insólita inversamente proporcional al tamaño de su cuerpo, y una asistencia fuera de lo común: varias horas cada día de la semana.

Está demostrado que las pacientes con anorexia que realizan ejercicio físico excesivo tienen más insatisfacción corporal. Incluso esta actividad se puede asemejar a una compulsión o ritual que se realiza obedeciendo a una determinada idea obsesiva muy intensa. Recuerdo cómo una adolescente calculaba la cantidad de kilómetros que realizaba siguiendo las líneas de metro de su ciudad, para compensar las calorías que había ingerido. Había inventado una fórmula matemática para ello, por ejemplo: un bollo, 400 calorías, a 100 calorías la parada, total, cuatro paradas de una línea de metro, y así sucesivamente. En temporadas de atracones llegaba a caminar durante 6-7 horas al día.

La limitación temporal de actividad física que nos vemos obligados a imponerles los profesionales supone una prohibición incomprensible. Les tortura y les genera un tremendo malestar y desafío. No lo es, no lo prohibimos, no estamos en contra del ejercicio, insisto, solo queremos salvarles la vida. En los casos menos graves pueden realizarlo de forma controlada y, preferiblemente, acompañadas de alguien que conozca su situación. Puede llegar a ser beneficioso realizarlo. Ellas generalmente se quejan y lo piden. Resulta curioso cómo, en la medida que se van recuperando y se negocia la reincorporación a esas actividades, cuando les permitimos reiniciarlas, ya no le dan tanta importancia, incluso a menudo no hacen esa ansiada actividad física. ¿Por qué? Ya no están tan enfermas. Sus obsesiones se han reducido. Vuelven a ser personas con flexibilidad mental. También en ocasiones el paréntesis que les ha supuesto su enfermedad les desvincula de su ambiente deportivo, lo cual, unido a su perfeccionismo patológico, les dificulta volver con sus equipos de baloncesto, fútbol o vóley.

¡Basta ya!

Basta ya de sufrir, de llorar, de tener ganas de morir, de ser infeliz, de querer desaparecer cada vez que tomas un bocado de comida y sientes que tienes ocho kilos más encima. ¡Basta! Un día decidí plantarle cara a la anorexia. No quería seguir siendo anoréxica. Quiero poder vivir tranquila, poder reír, enamorarme sin la preocupación del peso, volver a encontrar el sentido de la vida, poder tomarme un chocolate con churros sin tener remordimientos y tener que matarme luego a hacer deporte, tratar de provocarme el vómito o atiborrarme a laxantes. Ahora trato de luchar con todas mis fuerzas contra la enfermedad. Hay momentos en los que flaqueo y quiero tirar la toalla, pero tengo que ser fuerte, apoyarme en mis amigas y mi familia. Tengo que conseguir poner fin a esta tortura.

La lucha no es fácil, a veces resulta desesperante. Ser plenamente consciente de esto lleva su tiempo y se necesita mucha paciencia y cuando digo mucha es muchísima, pero se puede. Ya antes de comenzar a escribir esta historia sabía que tenía que ser sincera conmigo misma y con los demás. ¡Tenía que decir la verdad!, poner punto final a las mentiras y así poder comenzar a escribir junto a mi padre. Por eso, en una de las visitas al médico, decidí sincerarme y confesar que había estado tomando laxantes del botiquín de casa y que había arramplado con todos. Llegué a tomarme un bote y medio de laxantes combinado con algunas pastillas. El día que lo conté conseguí liberarme plenamente, me sentí libre de toda mentira. Seguía atada a la enfermedad, pero por lo menos los médicos y mis padres eran conscientes de mi estado y de cómo de mal estaba funcionado mi cabecita por aquel entonces y, por tanto, podrían ayudarme. Y gracias a esa liberación, comencé a escribir.

La prevención es posible

Azucena

Según la Organización Mundial de la Salud, en medicina se conoce como prevención primaria aquella que va dirigida a evitar que se desarrolle una enfermedad. Por ejemplo, el control de los posibles factores ambientales y las medidas de educación sanitaria. La prevención secundaria está encaminada a detectar la enfermedad lo antes posible para evitar su progresión. La terciaria incluye las medidas de tratamiento y rehabilitación de la enfermedad y sus complicaciones. Resulta lógico pensar que lo más efectivo es evitar que se inicien, la prevención primaria. En los trastornos de la conducta alimentaria, seguro que a todos los lectores que han alcanzado este punto se les ocurren varias. No vender *Esculturil* o *DelaXLalaXS* es un ejemplo, por supuesto. Se ha estudiado que el insistir con los adolescentes en los riesgos y complicaciones de la anorexia no resulta útil para prevenirla, incluso puede evocar o empeorar algunos casos. Por ello, las medidas van más dirigidas a la promoción de la salud, física y mental. A continuación, resumo algunos de los puntos más importantes de la prevención de trastornos de conducta alimentaria:

- Promover estilos de vida saludables, que incluyan ejercicio físico regular, alimentación equilibrada e información real sobre alimentos. Eliminar falsas creencias y tratar de no recomendar dietas a adolescentes, menos si se promocionan como dietas «milagro».

- Mantener una buena comunicación y supervisión familiar, en todas las etapas de la vida, niñez y adolescencia.

Tratar de realizar al menos una comida al día en familia, sin televisión, teléfonos móviles ni otras pantallas, manteniendo conversaciones cara a cara. Los hábitos que no se adquieren durante la infancia son muy difíciles de inculcar en la adolescencia.

- Regular los contenidos en los medios de comunicación y en las redes sociales que promuevan de forma directa o indirecta la aparición de un ideal de mujer basado en la figura o el peso. Enseñar a los jóvenes a criticar estos contenidos.

- Fomentar un concepto de autoestima basado en otros valores personales diferentes a la imagen física. Se debe promover una imagen corporal positiva, en la cual uno aprende a apreciar su cuerpo solo como una parte de la persona. Existen otros aspectos, como la personalidad o las aptitudes de cada uno, que son más importantes que la imagen física para definir su identidad. Enseñarles a estar orgullosas y satisfechas con sus imperfecciones, y que se nos quiere por lo que somos. Nuestra autoestima se va construyendo a partir de lo que vamos escuchando, especialmente durante la infancia y adolescencia. Por tanto, todos estamos involucrados en este proceso.

- Concienciar a los diferentes sistemas organizativos (colegios, pediatras, otros especialistas médicos, monitores de actividades, etc) que se relacionan con los niños y adolescentes de que los trastornos de la conducta alimentaria existen y suponen un problema importante de salud.

  • Todos los miembros de los centros sanitarios: médicos de atención primaria, pediatras y otras especialidades, en especial digestivo, medicina interna o ginecología, deben saber detectarlos y cómo actuar ante un caso. Las consultas por malestar psicológico, retrasos o ausencias de la menstruación o quejas digestivas pueden esconder trastornos de la conducta alimentaria. Deben derivar a los pacientes a servicios de psiquiatría siempre que sea necesario, y mejor de forma precoz.

- Colegios: los profesores y otros especialistas de la educación también pueden contribuir en la prevención mediante charlas informativas para alumnos y padres, así como detectando síntomas.

- Las empresas, especialmente de nutrición, farmacias y periodísticas, tienen asimismo responsabilidad sobre la aparición de factores de riesgo de los trastornos de conducta alimentaria.

«Llevas meses sin escribir...»

Ignacio

Las recaídas. Las temibles recaídas. ¿Estará ya curada del todo? En general su aspecto es bueno, pero ves que sigue moviendo las piernas constantemente, de forma compulsiva. ¿Es una manía sin más o su obsesión por quemar calorías disimuladamente? Un día le dije: «El día que dejes de mover las piernas todo el rato estarás ya curada». No hizo ningún comentario. Además, lleva semanas —meses en realidad— muy callada, meses sin escribir una línea. El silencio es el peor enemigo. No sabes qué hacer, seguir ahí a su lado en silencio o insistir, preguntar, entrometerte. Quieres ayudar, pero no sabes cómo. Finalmente, optas por seguir ahí, a su lado, en silencio. Juntos.

Ana

Me cuesta mucho escribir este capítulo. Supongo que es porque ni siquiera mi padre sabe de qué voy a hablar y, en parte, por la decepción que se llevará. Hace más o menos unos seis meses, en noviembre, comencé a abusar de los laxantes. Ya los había tomado antes, pero ahora llegué a tomarme bote y medio en unas semanas. Al principio no le di importancia, unas cucharaditas cada día no harían mal a nadie, ¿no? Pasaban las semanas y mi padre se extrañó al ver que ya no escribía. Le di la típica excusa: «Es que no tengo tiempo... Tengo mucho que estudiar... Papá, no me rayes...».

Me sentía una hipócrita: por un lado, yo misma daba consejos y había escrito cómo plantarle cara a la anorexia, y por el otro, me atiborraba a laxantes. Así que un día que ya no podía más se lo conté a los médicos. Para mi sorpresa no hubo consecuencias, ni amenazas de ingreso. Simplemente me desahogué y ellos me ayudaron, me escucharon y trataron de comprenderme, y juntos buscamos la forma de acabar con ello. Era consciente de que tenía que contarlo también a mis padres, pero no me atrevía y no me era nada fácil. ¡Es normal, se iban a disgustar mucho! Y no me extraña, ver cómo tu niña después de todo lo vivido estos años se deja llevar por unas pastillas no es agradable. Unas pastillas que lo único que hacen es que te pases la vida pendiente del baño, ya sabemos todos por qué. Conseguimos dejar atrás aquel episodio, pero muy a mi pesar —y esto no os va a gustar, mamá y papá— volvió a repetirse no mucho después.

Hace un par de meses empecé a agobiarme y no tenía fuerza de voluntad para dejar de comer, por lo que volví a recurrir a los laxantes. Fui a una farmacia y compré una caja de 30 laxantes. Arrasé con todos y una vez acabada la caja seguí comprando. Los agobios y la ansiedad no disminuían, así que dupliqué la dosis diaria. Tomé tantos laxantes que llegué incluso a sufrir síntomas como calambres, mareos, náuseas e hinchazón. Ya no podía más, necesitaba hablar con alguien y decidí comentárselo a una profesora del colegio. Al principio se quedó helada, pero rápidamente se puso a buscar soluciones. Hablamos varias veces y poco a poco yo misma fui entrando en razón. Me animó a comentárselo de nuevo a los médicos. Al final se lo volví a contar a mi psicóloga e hicimos un trato: yo le daba las cajas de laxantes que tenía escondidas en casa y dejaba de comprar, y ella guardaba el secreto y me ayudaba, siempre y cuando este episodio no se volviera a repetir. Al día siguiente, después del colegio, me fui a la clínica y entregué los laxantes. Me sentí liberada, tranquila, aunque sabía que no iba a ser fácil dejarlos atrás porque tomarlos me proporcionaba cierta «seguridad». En fin, esta era la razón por la que llevaba meses sin escribir, pero tranquilo papá, ya no serán un obstáculo.

Ignacio

El uso de laxantes es algo frecuente en personas enfermas de anorexia. Les parece que así controlan la ingesta de calorías, pero no saben que, muchas veces, es al contrario. Piensan que así pueden comer más, saciar el hambre, darse un «atracón» y luego lo solucionan con laxantes. Pero en realidad lo único que hacen es poner en riesgo su salud. Es mucho mejor una dieta sana y equilibrada que comer cualquier cosa y luego atiborrase a laxantes. Incluso se puede engordar más con laxantes. Pero lo más importante es dejarse ayudar. Cuántas veces «soltar el sapo», contar y compartir esos problemas hace que los demás, los que nos quieren y solo nos quieren, nos puedan ayudar.

Mi ángel de la guarda

Mamá: me has querido desde antes de conocerme cuando me llevaste a cuestas durante nueve meses. Siempre me has dado cariño, mucho más del que pudiera imaginarme. Sé que has sufrido mucho con mi enfermedad, que has llorado y te has sumido en la desesperación al ver cómo este bicho de la anorexia se apoderaba de mí, de todos nosotros. Me enfrento a estas líneas pensando en cómo agradecerte todo lo que has hecho por mí y solo con imaginármelo se me saltan las lágrimas. Es muy probable que hoy no estuviera aquí si no hubiera sido por ti, tus largas charlas sobre la verdadera belleza, tus continuos controles sobre lo que comía o dejaba de comer, tu fe en que algún día llegaría la recuperación y volvería a ser la Ana que sonreía y se entusiasmaba por todo. Admito que hubo una época en la que llegué a odiaros a ti y a papá. Esa no era yo, mamá, era mi enfermedad. Perdóname por todo por lo que te he hecho pasar, sé que no ha sido nada fácil. Te quiero, mamá. Quiero volver a ser la niña de tus ojos, volver a sentir tu cariño y ver cómo, poco a poco, la puerta de la anorexia se va cerrando, cogerte de la mano y no volver a soltarme nunca, porque te necesito, mamá. Eres mi ángel de la guarda. Me siento orgullosa de ser hija tuya. Gracias por todo, no olvides nunca que te quiero y siempre te querré.

Ignacio

Ella ha sido realmente la protagonista. Es tímida, no quiere figurar, pero sin ella ninguno habríamos aguantado la presión. Ha sufrido en silencio, cargando sobre sus hombros el dolor de los demás, secando nuestras lágrimas. Siempre pendiente, dando todo por ella, por Ana, noches en vela, dolor solitario, lágrimas silenciosas, oración suplicante. Ha habido que pensar y repensar menús, vigilar sin mirar, insinuar sin obligar, un día y otro, todos los días, a todas horas, sin desfallecer, durante años. Sufrimiento escondido, amor sin límite, amor de madre. Quedan lesiones, huellas en el cuerpo, trozos de metralla. Son heridas de guerra, de una guerra que hemos combatido juntos y que ganaremos juntos. Son marcas de amor, la belleza de unos cuerpos que han luchado juntos por lo que más quieren. Un amor hasta la eternidad. Podríamos haber escrito juntos muchas otras historias, una por cada hijo, pero esta, quizá, ha sido la más incomprensible, la más desconcertante, la de una enfermedad sin sentido que rompe al eslabón más débil, a la más pequeña de la familia. Sin ti habría huido, habría tirado la toalla.

Una simple mirada

Justo cuando ya todo parecía que iba viento en popa y con otras Navidades a la vuelta de la esquina, a mi madre le diagnosticaron un mioma en el útero. No me esperaba para nada semejante noticia. Afortunadamente mi padre nos tranquilizó, todos los indicios hacían pensar que se trataba de un caso benigno, pero había que intervenir con cierta urgencia. Tres días antes de la Nochebuena, operaron a mi madre. Nada más acabar las clases de ese día, fui a toda pastilla a la clínica, compré un par de revistas para ella y subí a la habitación. Me sudaban y temblaban las manos. Abrí la puerta y allí estaba, todavía medio sedada, en la camilla, con una sonda y el gotero, y con un respirador de oxígeno. Me impresionó verla tan frágil.

Tuve ganas de llorar, de abrazarla, de besarla con todas mis fuerzas. La víspera no había dormido casi nada, pero solo con verla recuperé todas mis fuerzas.

Conforme pasaba el día, la habitación se iba llenando de flores, bombones y pastas, y de gente, familiares y amigos que iban y venían. A mí me gustaba verla dormir, acariciarle la mano, darle un besico. Me prometí a mí misma que iba a luchar con todas mis fuerzas por comer todo y frenar cualquier pensamiento dañino y por sonreír. Me costaba mucho. El no tener esos días a mi madre en casa me permitía vía libre para dejar de comer, escabullirme y hacer deporte como loca a escondidas. La tentación y los pensamientos negativos eran fuertes y abundantes.

Pero uno de esos días en la clínica con mi madre ingresada, me di cuenta de que tenía que dejar a un lado lo puramente físico y debía centrarme en lo de dentro. Me impresionó ver esa mirada brillante y llena de cariño de mi padre hacia mi madre pese a estar todavía pálida, hinchada, con el pelo alborotado, sin pintar, con los efectos de la operación. Mi padre seguía viendo la verdadera belleza de mi madre, sin fijarse en absoluto en su aspecto exterior. Esto, junto con el cariño y apoyo que recibió de la familia, amigos y compañeras de trabajo, me hizo comprender que en esta vida uno no está solo, que, aunque no estés en tu mejor momento, siempre habrá gente que seguirá creyendo en ti.

Nochebuena 2015

Por fin llegó Navidad, villancicos, turrones, regalos, familia, amigos. Como era de esperar, me resultaba insoportable el hecho de que se acercaran las fiestas. Navidad es sinónimo de comida. Por un lado, tenía la reciente operación de mi madre. Mientras ella estuvo ingresada yo trataba de comer bien y controlar con todas mis fuerzas los pensamientos negativos. Pero por otro, sentía angustia, pánico, ansiedad al pensar en los días que se avecinaban, los peores del año, llenos de comidas pesadas, turrones y bombones.

Llegó Nochebuena. Como de costumbre, fui con mis padres a Misa de ocho de la tarde, donde el coro de la parroquia nos «deleitó» con los villancicos que tanto le gustan a mi padre — léase con un cierto toque de ironía, je, je. Antes de ir, me tenía que preparar y la cosa empezó mal. Estuve toda la tarde mirándome en el espejo en ropa interior. Sentía que ya había engordado los dos o tres kilos habituales en estas fechas. Empecé a probarme ropa y distintos conjuntos, pero con ninguno me veía bien. Al final me decidí por un vestido negro tipo mono que me había regalado mi madre, pero seguía sin sentirme a gusto. Me maquillé y traté de no mirarme más en el espejo. Al volver a casa ya había llegado toda mi familia, hermanos, primos, tíos, abuelas… Durante unos minutos me olvidé de mi físico. Antes de cenar servimos unos canapés y luego nos sentamos a la mesa. La cena en sí no fue muy pesada: una ensalada templada y solomillo con foie, pero lo peor estaba a la vuelta de la esquina: el postre, deliciosos mazapanes, polvorones, turrones, «rocas» de chocolate y, como no, bombones Ferrero Rocher, mi mayor debilidad.

Después del postre, comencé a sentir calores, las manos comenzaron a sudarme. Decidí subir al piso de arriba, al baño. Me miré en el espejo y sentí mi cara gorda, veía mollas flácidas en mis brazos y el culo en pompa. Abrí la ventana, necesitaba aire fresco y calmarme. De pronto, levanté la taza del váter, me arrodillé y, sin pensarlo dos veces, traté de provocarme el vómito. Lo intenté varias veces, pero no pude, y al final me eché a llorar. No me podía creer lo que estaba haciendo. Llevaba ya más de dos años luchando contra la anorexia y ahí seguía. Me levanté, me lavé la cara y me retoqué el maquillaje para que nadie sospechara lo que acababa de suceder y bajé como si nada hubiera pasado.

La noche continuó: villancicos, la mítica partida de Party en la que mi abuela siempre brillaba. Sobre las tres y media fui a acostarme. Estaba muy cansada y lo único que quería era dormir y no volver a despertarme, pero me desperté temprano, me lavé, me puse ropa de deporte, desayuné un poco de piña y salí a correr. Mientras corría estuve pensando sobre la noche anterior. Estaba confusa. Por un lado, no quería dejarme llevar por la anorexia ni quería defraudar a mis padres, ni a mí misma. Pero, por otro, no quería engordar ni un solo gramo más. El día de Navidad también tuve muchos agobios, muchos. Después de comer, de los villancicos y juegos, fui al baño. Me desvestí e hice flexiones y abdominales hasta que acabé rendida y destrozada. Desgraciadamente, en vez de darme cuenta del verdadero significado de estos días de fiesta y de disfrutarlos en familia, yo me sumergía en mí misma y en mi obsesión por la talla de pantalón. Me aterraba la idea de engordar. No podía soportarlo. Conforme pasaron los días, me fui tranquilizando y estos pensamientos se fueron desvaneciendo. Supongo que quedar con mis amigas y pensar en otras cosas me ayudó. De vez en cuando me paraba a pensar, miraba para atrás y me preguntaba: ¿de verdad es esta la vida que quieres seguir llevando?

¿Quieres seguir escondiéndote en el baño? ¿Quieres seguir haciendo deporte a escondidas? ¿En serio quieres volver a verte obligada a tomar esos dichosos batidos calóricos? ¿Quieres volver a sentir odio hacia aquellas personas que han creído y apostado por ti? Y lo más importante, ¿estás dispuesta a sumergirte de nuevo en este infierno que es la anorexia y acabar destrozando tu vida? La respuesta fue un rotundo NO.

Ignacio

Llevamos ya varios años luchado contra la anorexia y parecía que todo iba bien. Pero solo parecía. Ya habíamos detectado que los periodos de vacaciones, de tiempo libre, en los que desaparece la rutina diaria eran los más peligrosos. En el día a día, madrugar, ir al colegio, las amigas, las tareas y otras actividades ocupan tu tiempo y tu cabeza y no te dedicas a pensar en ti y en tu figura. Es mucho más llevadero. Pero los fines de semana, y muy especialmente los periodos de vacaciones, tienes más tiempo libre, más tiempo para pensar, para darle vueltas a tus cosas, a ti misma, a tus kilos, y vienen los agobios. En Navidades son las comidas familiares y en verano la operación bikini y la piscina. Son épocas muy sensibles, en las que hay que estar muy vigilante. En las que tú misma tienes que escapar de esos pensamientos negativos, buscar el apoyo de los tuyos y ocupar al máximo el tiempo. Es verdad que se puede caer en el extremo contrario, el activismo, pero es preferible tener un cuerpo cansado por la actividad que famélico por no comer.

Falsos mitos y distorsiones cognitivas

AZUCENA

Me gustaría compartir con los lectores algunos comentarios que he escuchado a lo largo de los años tratando a niñas y adolescentes con anorexia nerviosa. El objetivo es que nos hagamos a la idea de cómo funcionan sus cabecitas:

> «Cuando como legumbres me engordan la tripa y los brazos, por eso me mido el grosor de los brazos después de comerlas, me aterroriza que ya no vuelvan en sí».

> «La recuperación de las menstruaciones me hace recordar que vuelvo a estar gorda, no sé si es buena noticia».

> «Escurro el aceite en cada bocado de carne o pescado porque están nadando en un pozo de grasa».

> «Esto es un complot, me queréis cebar entre todos: padres, médicos y ahora hasta mi profesora, no entiendo por qué».

Esta es una pequeña muestra de lo que llamamos distorsiones cognitivas, es decir, las interpretaciones erróneas de la realidad que el cerebro realiza en una determinada situación. Se trata de pensamientos automáticos, que la persona no logra controlar, al menos inicialmente. Suelen llevar a percibir el mundo de forma poco objetiva y a desencadenar emociones negativas y conductas poco adaptativas.

Estudios del funcionamiento cerebral mediante resonancia magnética —un tipo de exploración que facilita un video más que una foto del cerebro—, muestran que en la anorexia el cerebro no se comporta igual que en los demás. Las áreas que controlan el apetito, principalmente algunas que conectan con el hipotálamo, se encuentran inhibidas. Es decir, ante una recompensa, como por ejemplo un líquido azucarado, sienten incapacidad para sentir el placer que puede suponer la comida. Por ello, muchas exhiben un comportamiento ascético, es decir, realizan muchos sacrificios, recurren a la austeridad y renuncian a los placeres materiales, todo ello en busca de la perfección. También presentan una hiperactividad en las regiones implicadas y la preocupación posterior a los errores, y alteraciones en el procesamiento cerebral del concepto de imagen corporal (núcleo caudado, ínsula, región prefrontal dorsolateral y cerebelo) y de la ansiedad (amígdala).

Se han llegado incluso a tratar algunos casos de anorexia graves y resistentes al tratamiento con estimulación cerebral profunda. Esta técnica, que se emplea con éxito en personas con enfermedad de Parkinson, consiste en introducir unos electrodos en las áreas del cerebro afectadas, como el área subgeniculada del cíngulo, que se comunica con el sistema límbico, donde circula la serotonina.

Estos pensamientos distorsionados en las personas con anorexia contrastan con algunos hechos, como por ejemplo su interés por la cocina. Este fenómeno constituye un relato habitual y sorprendente. De forma paralela a su propia restricción alimentaria, comienzan a tener un interés creciente por entrar en la cocina, preguntar por los menús, las preparaciones y las cantidades. Este hecho se debe a dos fenómenos: su obsesión por contabilizar calorías para poder reducirlas, y su empeño en alimentar a los demás. Desconozco los motivos psicológicos, pero ellas tratan de cebar a sus amigas, padres y hermanos, preparando sofisticadas recetas de repostería hasta el punto de hacer que ellos ganen peso. Por supuesto, no prueban más que el punto de sal en la cuchara de palo con la que remueven los ingredientes.

No estás sola

Después de las navidades retomamos las consultas con la médico. Nos propuso a mis padres y a mí el asistir, por separado, a una charla con un endocrino especialista en temas relacionados con los trastornos de la conducta alimentaria. Al principio me gustó la idea, pero conforme se acercaba la fecha me puse más y más nerviosa, no sabía si eso realmente me iba a ayudar o no. Cuando llegó el día y entré en la sala me sorprendió ver que estaba llena de chicas jóvenes como yo, ninguna sería mayor de 24 años. Todas aparentemente normales, nunca me habría imaginado que estaban... enfermas. Bueno, excepto algunas: dos o tres estaban verdaderamente demacradas y otra estaba conectada a una sonda. Conforme transcurría la sesión, me iba sintiendo más cómoda. Todo lo que iba explicando el endocrino me servía de ayuda, y escuchar al resto de pacientes también me vino muy bien. Me di cuenta de que hay otras chicas como yo, con mis mismas inquietudes, preocupaciones y problemas. Me di cuenta del gran esfuerzo y cariño que estaba poniendo todo el equipo médico. Aunque he de admitir que en el primer momento los médicos no me cayeron muy bien, estoy superagradecida a la psiquiatra, psicóloga, residentes, endocrinos y enfermeras/os que tanta paciencia han tenido conmigo. ¡Gracias, gracias y más gracias!

Ignacio

Varios padres y madres tuvimos una sesión similar, solo nosotros sin estar las hijas delante. Digo «las hijas» porque supongo que la mayoría serían hijas. Ellas habían tenido la sesión unos días antes. Entramos en la sala disimuladamente, no me atrevía a mirar mucho para ver quién estaba, no quería encontrarme con la mirada de algún conocido en la misma situación. Había unas doce o quince parejas. Padres y madres, todos con alguna hija con problemas de anorexia, bulimia o similar. Suelen decir que mal de muchos, consuelo de tontos, pero compartir el dolor alivia. Nos sentamos en silencio y atendimos a la charla del endocrino. Fue muy interesante, ameno y respondió algunas preguntas del público. Me gustó y me consoló pensar que aquello mismo se lo habían contado a Ana: la báscula no dice toda la verdad. Fue muy clarificador la explicación de la relación entre desnutrición y psicopatología, cómo el no comer puede causar cambios en el metabolismo que a su vez pueden tener efectos psicológicos y alterar la percepción de uno mismo. Eso es la anorexia. Aunque lo sepa, siempre cuesta entender que es una enfermedad.

«No te me rindas, mi vida»

Aún se me ponen los ojos llorosos al escuchar la canción con la que mi padre consiguió sacarme una sonrisa en mi primer ingreso. No recuerdo la fecha exacta, pero sí cómo entró en la habitación emocionado, con una sonrisa de oreja a oreja y con un CD bajo el brazo. No sabía qué es lo que se traía entre manos, yo quería estar sola y no comer. Pero él insistió, encendió el CD y le dio al *play*, se tumbó a mi lado, me cogió de la mano y me dijo: «Tú solo escucha».

>Va a amanecer
>Va a sanar
>No te me rindas, mi vida
>Duerme esperando otro día
>Que saldrá el sol
>No te rindas, amor
>Resistir el dolor
>Yo que te quiero a morir
>Voy a sembrar en tu herida una flor
>Yo trataré de curar ese dolor
>Tenme fe, corazón
>Esperanza y valor
>Yo que te quiero a morir
>Va a amanecer
>Va a sanar
>Te voy a curar
>Me extrañas tanto tanto
>Pero aguanta, corazón

Tu soledad se va
Te voy a curar
No te rindas, mi vida
Siembra unas flores de amor en tu herida
Ay, corazón
Siempre habrá un nuevo amanecer
Te amo a morir
No te rajes, mi vida
Siempre la suerte nos cambia, nos gira
Ay, corazón
Siempre habrá un nuevo amanecer
Sale el sol
No te me rajes, mi vida, mi amor
Eres un roble valiente
Con la cara al sol
Vamos a resistir
Como el árbol de pie
Ponte de pie hasta morir

Estuvimos callados los cuatro o cinco minutos que dura la canción —*No te rindas* del grupo Maná—, llorando los dos como magdalenas. No he escuchado nunca una canción que se ajuste mejor a lo que estábamos pasando. Esperanza: «va a amanecer, va a sanar»; fortaleza: «no te me rindas mi vida, duerme esperando otro día, que saldrá el sol»; cariño: «esperanza y valor, yo que te quiero a morir».

Cada vez que pienso en aquel verano del primer ingreso, la canción, mi familia y mis amigos, me doy cuenta de lo afortunada que soy. Esta canción puede llegar a ser una excelente terapia. Me ayuda a aislarme por unos minutos y recapacitar. A día de hoy, casi en la recta final de mi enfermedad, la sigo escuchando porque es un antes y un después en mi camino. Espero que a otras chicas como yo también les ayude.

Ignacio

Todavía guardo la carta que me escribiste los primeros días del primer ingreso en la clínica. Cuando la leí por primera vez pensé «qué bien, parece que va a responder y que esto se acabará pronto».

> Querido papá,
> hoy 31 de julio es tu santo y daría lo que fuera por poder estar ahí contigo y celebrarlo. Te escribo esta carta en mitad de la noche, no puedo dormir. Tengo mucho miedo de estar aquí sola, de pensar que esto no ha hecho más que empezar y de no saber cuándo acabará. Lo que sí sé es que en cuanto salga de aquí, la primera noche quiero estar contigo y con mamá en casa y ver la película *El padre de la novia*, mientras me acurruco en el sofá en tu tripita. No sé cuándo llegará esa noche, pero hasta entonces, cuida mucho de mamá, de Íñigo (no dejes que esto les arruine las vacaciones), de Álvaro (estoy deseando que me abrace), de Cristina (echo de menos sus toses) y de Gonzalo (no dejes que arrase con todo). Sé que te pido demasiado, pero yo sola no puedo. Papá, siento muchísimo haber sido tan tonta y haber dejado que esto me superara, y lo que más siento es no haberme dado cuenta de lo mucho que os he hecho sufrir. ¡Lo siento! No me había dado cuenta de la seriedad de la situación hasta ahora. Verdaderamente ahora me doy cuenta de que estoy enferma y de que os necesito. Nunca antes me había sentido tan sola. Quiero salir ya de aquí. Es verdad que las enfermeras son encantadoras, pero el tener que estar entre estas cuatro paredes día y noche, sin salir, el solo poder veros unas pocas horas al día, el no saber prácticamente nada de mis amigas ni de cómo están llevando la situación me está matando. Quiero salir de aquí.
> Te quiere mucho, Ana.

Han pasado ya más de tres años y aquí seguimos. Es como una «falsilla» de un proceso interior que comienza y recomienza y aparentemente no avanza. La anorexia es una enfermedad que se mete en tu interior y no te suelta, se revuelve como una serpiente y se niega a soltarte. Pero como dice la canción «No te me rindas mi vida, yo que te quiero a morir».

Acepta tu cuerpo

IGNACIO

Esto es un camino largo, muy largo, en espiral. Nos contaron una vez que hay varias fases, y que unas llevan a otras. Hay que tener paciencia, mucha paciencia... Más paciencia. Lo primero es mejorar el estado de salud, conseguir un estado nutricional sano, ganar peso. Lo primero es tu salud. Esta fue la razón de los ingresos hospitalarios, conseguir un peso sano, un índice corporal normal, volver a un estado hormonal normal. Si tu índice corporal es inferior a lo normal, tienes problemas hormonales serios, se retira la regla. Tu cuerpo es tan listo que cuando disminuye tanto la ingesta de alimentos, decide ahorrar energía, ¡no puede perder nada de energía!, y por eso se ahorra incluso paralizando la menstruación. Pero eso tiene consecuencias graves, por ejemplo, en los huesos. Muchas mujeres anoréxicas, si están mucho tiempo sin menstruación, pueden tener problemas óseos, fragilidad ósea y una vejez prematura. No es ninguna broma. No se trataba de comer para engordar, sino para estar sano, para que no peligre incluso tu vida.

Cuando ya hayas conseguido un peso sano podrás mejorar tu estado de ánimo, volverás a sonreír, a hablar, a jugar. Si no has conseguido ese peso sano es muy difícil que tu estado de ánimo mejore. Y si vuelves a sonreír, mejorarán tus relaciones con los demás, con nosotros, con el resto de la familia, con tus amigas, con el mundo. Nos volverás a ver con otros ojos, dejaremos de ser tus enemigos. Y entonces, podrás mejorar tu propia imagen corporal. Comenzarás a verte mejor, y tendrás menos miedo a comer. Comenzarás a ver la anorexia como una enfermedad y a darte cuenta de que lo que dicen los otros no son manías, sino que tienen razón. Y entonces podrás plantearte luchar contra una enfermedad, luchar para curarte.

Pero todavía te ves gorda, fea, no te gustas. Sigues con una imagen distorsionada de ti misma. Todavía te cuesta aceptar tu cuerpo, aceptarte como eres. Eres consciente de que tienes que luchar contra la anorexia, que es una enfermedad. Toleras ya muchos alimentos, comes sano —cuántas veces te repito: no se trata de comer mucho, se trata de comer sano— aunque todavía a veces te agobias si te pasas. Es un camino hacia la normalización, pero todavía largo y agotador para todos. Tienes que aprender a sustituir los pensamientos negativos por otros más agradables y placenteros. Todavía te cuesta decir: «me acepto». Tienes que aprender a aceptar tu cuerpo como eres. Nadie es perfecto, ¡tú tampoco eres perfecta! Incluso yo no soy perfecto, je, je. Tienes que aceptar esas partes de tu cuerpo que no te gustan. No puedes estar siempre luchando contra él o contra tu metabolismo. Es bueno que te mires en el espejo y que te aceptes, el espejo no es el problema, el problema son tus ojos, cómo te miras. Cuando dejes de verte obsesivamente a ti misma, podrás ver a los demás y descubrirás un mundo apasionante. Lucha contra esos pensamientos negativos, lucha contra ese mirarte a ti misma. Mira alrededor y descubrirás un mundo maravilloso, lleno de gente imperfecta como tú, pero que te quiere con locura y por los que vale la pena luchar. Pero recuerda que solo tú, tú sola, eres la única que puede ayudarte a salir de esto de forma definitiva, a aceptarte como eres. Por mucho que los que te quieren te digan lo «majica» que eres, de nada vale hasta que tú misma te aceptes. Nosotros siempre estaremos a tu lado, porque nosotros te queremos como eres, no por lo que eres. Eres tú la que tienes que solucionar los problemas, la que tienes que aceptar tu cuerpo.

He sido una hipócrita

Sí, me considero una hipócrita. De nuevo, tras varios meses sin escribir nada, creo que ha llegado el momento de sincerarme, especialmente conmigo misma. Después de meses de psicoterapia y de todo lo que llevo escrito sobre superación y optimismo he de admitir que he sufrido una ligera —o no tan ligera— recaída.

Gracias a Dios no tuvo gran repercusión en mi salud y en el peso, y parece que tampoco a nivel psicológico. Por eso mismo, mis padres no se percataron del todo. Durante los tres episodios anteriores siempre he negado el haberme provocado el vómito y era cierto... Hasta hace unos meses. Durante mi etapa más crítica no conseguí vomitar, por mucho que lo intenté. Es cierto que acabé con laxantes, tiraba los batidos, dejaba de comer, hacía deporte a escondidas..., pero nunca vomité. Tras la lenta recuperación, de vez en cuando un sentimiento de culpabilidad me invadía. Me seguía viendo rechoncha, fea, no me sentía a gusto conmigo misma. Conforme pasaba el tiempo trataba de volver a poner en práctica mis «trucos» de adelgazamiento, pero parece ser que las terapias y la medicación habían dado sus frutos porque mi «verdadero» yo se resistía a volver a caer en semejante calvario... Pero mi desesperación por verme bien guapa me superó. Como dice mi madre, «la carne es débil», y comencé a vomitar.

Normalmente vomitaba una vez al día, después de cenar o en ocasiones después de merendar. Solía encerrarme en el baño durante diez minutos como máximo, después de haber comido, para que no me resultara tan desagradable vomitar. Ponía música, abría el grifo del agua, me arrodillaba en la taza del váter y trataba de seguir los pasos que había leído en internet: me recogía el pelo y con dos dedos trataba de llegar hasta la campanilla. Así intentaba expulsar todo lo que previamente había comido. Era horrible. Acababa llorando, con la garganta escocida agarrada a la taza del váter y con la tripa revuelta. Nada más terminar, me limpiaba las manos y me lavaba los dientes para así tratar de borrar toda pista del «delito». Estuve actuando a hurtadillas durante unos tres meses y medio, pero no todos los días vomitaba. Solía hacerlo con cierta periodicidad y trataba de que no coincidiera con época de exámenes ya que, después de vomitar, no me encontraba bien y no rendía lo mismo a la hora de estudiar.

Quizá estéis pensando que las terapias y la ayuda psicológica no dieron verdaderamente su fruto. Yo creo que, si no fuese por la confianza que tanto me costó depositar en el equipo médico y por toda su ayuda, tal vez a día de hoy seguiría desahogando mis penas arrodillada frente al váter. Por esa misma razón, un día decidí sincerarme de nuevo con la psicóloga y le conté lo que ocurría. Al principio se sorprendió porque hacía meses que parecía que mi recuperación iba viento en popa, pero al mismo tiempo reconoció que era normal sufrir alguna recaída de vez en cuando. Me advirtió de las consecuencias y, junto con el resto del equipo, tratamos de ponerle remedio.

Decidimos no contárselo a mis padres de momento. Esa decisión me hizo ver que, verdaderamente, los médicos de nuevo confiaban en mí y en mi propia capacidad para superar la situación. Es eso lo que me ha ayudado a dejar atrás ese mal sabor de boca —literalmente— y centrarme en lo que verdaderamente importa: salir de esta pesadilla para ser feliz. No obstante, el episodio de los vómitos se volvió a repetir alguna vez más tiempo después, pero nunca trascendió más allá de un simple agobio pasajero del que los médicos también fueron partícipes.

Engaños y purgas

Azucena

Cuando vemos el mundo con nuestros ojos de niños, nos asombramos y horrorizamos ante la gran cantidad de cosas asquerosas que llegan a hacer los adultos. Comen vísceras, beben cerveza amarga, curan heridas con sangre, se dan besos «con lengua», por no hablar del *shock* de cuando nos enteramos de lo que implica el sexo. Lo que en ese momento nos resulta repugnante llega a convertirse en placentero cuando maduramos. Increíble.

Situémonos en la vida de una niña con predisposición a desarrollar anorexia nerviosa: obediente, complaciente, cumplidora, disciplinada, sacrificada, casi asceta. Al entorno de esa chica le resultaría inverosímil que en algún momento pudiera llegar a engañar a sus padres, que le han dado la vida; a sus hermanos, con los que ha compartido risas, juegos y confesiones; a sus amigas, con las que ha llegado a realizar pactos de sangre y cuya opinión es extremadamente determinante para cualquier decisión, desde el estilo del calzado hasta el posible candidato a novio. Todos esos lazos de confianza se destruyen. La anorexia puede más que esos vínculos.

Ellas disfrazan su obsesión y su restricción voluntaria de gastroenteritis: «hoy no puedo comer, ando con la tripa un poco revuelta», cuando en realidad morirían por comerse eso que antes les encantaba. Son capaces de tirar o esconder filetes y trozos de pan cuando tenían previsto irse con una ONG a ayudar a los niños hambrientos de los países pobres. Llegan a crear una sofisticada estrategia para conseguir vomitar a hurtadillas.

Lo hacen detrás de un seto, en una bolsa de plástico que luego esconden en sus mochilas, mientras se duchan, en el váter llevándose detergente para inmediatamente fregarlo (muy probablemente es la primera vez en su vida que lo hacen y no lo habrían hecho por asco si se lo hubieran pedido sus padres). Todo lo que hace apenas unos meses les parecería repulsivo, abominable, detestable y deleznable lo están haciendo ahora. Están enfermas, no cabe otra explicación.

Imaginémonos hasta qué punto puede llegar su distorsionado deseo de perder peso, que deciden tomarse decenas de comprimidos de laxantes. Con lo rematadamente mal que nos sentimos con ese dolor cólico acompañado de un sudor frío en la espalda y el labio superior, cuando padecemos diarreas. Sorprendente que alguien pueda buscar «voluntariamente» esa sensación. De nuevo, solo un trastorno mental puede justificarlo.

Los vómitos autoprovocados arrasan allá por donde pasan. Ese flujo inverso hace que se ceda y se irrite el esfínter que comunica el estómago y el esófago, llegando a producir lesiones que pueden derivar incluso en carcinomas. Se generan nódulos en las cuerdas vocales. Se destroza el esmalte dental acelerando la caída de las piezas dentales. Aparecen callos en las manos. Se agrandas las glándulas parótidas, situadas en los maxilares bajo las orejas, donde se sintetiza la saliva, dando a la cara un aspecto de hámster.

En una ocasión tuve la oportunidad de asistir a una paciente con una anorexia muy grave de larga evolución, ingresada en la UCI por una ingesta masiva de laxantes y diuréticos. Había perdido tantos electrolitos, su nivel de potasio era tan bajo, que le había generado una arritmia muy grave con riesgo de parada cardiaca. Debido a estos desequilibrios presentó un fallo renal que podría haber sido irreversible de no haberse tratado a tiempo. Unos años después me interesé por su evolución y me contaron que había fallecido por suicidio.

Ojalá mantuviéramos toda la vida algunos de los filtros que nos proporcionan los miedos cándidos de la niñez.

«¡Adiós, batido, adiós!»

Durante más de dos años he tenido que tomar batidos diarios cargados de calorías, pero por fin llegó el momento de desprenderme de ellos por recomendación de los médicos. Llevaba deseando que llegara este momento desde el primer día. Tras una larga espera y lucha, por fin obtengo la recompensa: conseguir alcanzar la normalidad y estabilidad en mi vida sin estar sujeta a los batidos. Poco a poco voy viendo cómo todo va llegando a su fin. Llevaba desde hacía mucho tratando desesperadamente de librarme de ellos, eran una de mis mayores pesadillas: esas 300 Kcal en 200 mililitros de asqueroso batido. Admito que no he tomado todos los que debía, muchos días los he tirado a escondidas y he derrochado el dinero. Recuerdo cuando quedaba con mis amigas a dormir en casa de alguna de ella, las famosas «pijamadas»: nada más salir de mi casa, iba al contenedor de la basura y los tiraba para que nadie sospechara. También los he llegado a vaciar en el fregadero de la cocina o por el lavabo del baño. No me siento nada orgullosa de todo esto.

Tras mi segundo ingreso, los fui asimilando como una medicina. Si me los tomaba, estaría más guapa, más sana, me curaría y sería feliz. Me ha costado mucho ser consciente de ello y aún muchas veces la enfermedad me juega malas pasadas. Pero ahora el capítulo de los batidos se cierra, lo que supone que vamos avanzando por el camino correcto, el camino de la curación definitiva. Fue una alegría donar a la clínica el resto de bricks que quedaba en la despensa y pensar que, tal vez, ayudarían a la recuperación de alguna otra chica.

Azucena

Recuerdo cuando Ana nos contó que abusaba de laxantes y que había recurrido al vómito autoprovocado. Acudió a consulta cargada con los batidos que le habíamos prescrito, los que sobraban, porque ya se los habíamos retirado de su tratamiento. Una caja que pesaba muchísimo. «Como son caros, por si alguien los quiere utilizar», dijo. «Ahí tenéis este monstruoso producto que no me pienso tomar nunca más porque estoy ganándole la batalla a esta maldita enfermedad», quiso decir, pero no se atrevió. Para ella, esa entrega era un símbolo de liberación. Una caja que pesaba muchísimo.

También sacó con orgullo de su bolso la caja de *Fave de fuca* cuando nos confesó la toma de laxantes, primero a su psicóloga, y luego a mí. Entonces no lo sabían sus padres..., ahora ya lo habéis leído y, lo sentimos, pero en ese momento había que darle prioridad a la confidencialidad. Otro paso adelante en el proceso de curación.

Como en muchos otros problemas de salud mental —como por ejemplo las adicciones, o los duelos por una pérdida—, en los trastornos de conducta alimentaria existen varias fases de aceptación y de motivación para el cambio. Según el modelo clásico, estas fases son: precontemplación, contemplación, decisión, acción y mantenimiento. Fue un gran paso para Ana —confesarlo implica reconocerlo—, y este es el primer paso para buscar una solución. Su actitud era muy diferente a la de la Ana del inicio, ocultando, negando y sin aparente intención de mejorar.

Algunos de los trastornos que tratamos asocian de forma característica una baja conciencia de enfermedad, es decir, el paciente no es consciente de que la tiene ni de que necesita tratamiento. Las adicciones, las psicosis y los trastornos de conducta alimentaria son claros ejemplos. Ellos no suelen buscar ayuda, son sus familiares los que lo hacen porque ven el problema desde fuera. En otros trastornos, como algunos de ansiedad o depresivos, sin embargo, los pacientes piden ese apoyo, y se sienten bien relatando sus dificultades al terapeuta. Esto es típico en las somatizaciones, por ejemplo, los síntomas físicos de origen psicológico. ¿Por qué sucede esto? ¿Por qué parece que no pueden, no quieren o no saben cómo hacerlo?

Si la enfermedad tiene consecuencias graves para la salud, puede ser necesario forzar a que acudan, más si son menores de edad, pero incluso si son adultos. El sistema judicial permite los ingresos involuntarios cuando existe un riesgo importante para la salud. En el resto de casos, el trabajo de crear conciencia de enfermedad es como esculpir una escultura, se debe realizar lentamente, repitiendo muchísimas veces los mismos movimientos, y con cuidado de no romper la pieza, la relación terapéutica. La alianza terapéutica —que confíen en ti para movilizarse hacia la curación— es esencial. No siempre se consigue, y en la anorexia nunca se establece desde el principio. Les caemos mal, vamos en contra de «sus intereses». Esto no significa que no se curen porque no quieran. Es un proceso complejo en el que hay que estudiar con detalle y afán detectivesco por qué sucede. Hacer registros por escrito. Indagar con ellas y con sus padres el porqué de los pasos atrás. Confiar. Ser pacientes. Apretar cuando sea necesario.

Los cuatro fantásticos

No sé muy bien por dónde empezar. ¿Quiénes son los cuatro fantásticos? Son esos «moscardones» que desde la cuna no me han quitado ojo de encima, mis hermanos Iñigo, Álvaro, Cris y Gonza. Han tenido un papel importantísimo en mi vida, sobre todo en estos últimos años. Por eso mismo, aunque me podría pasar días escribiendo sobre cada uno de ellos, me concedo el placer y el orgullo de dedicarles este capítulo a ellos, mis cuatro fantásticos. Iñigo, el mayor pero conocido como el «chiquitín», siempre ha sido como un padre de familia, responsable, atento, cariñoso y siempre luciéndose con su buen humor y sus chistes... algo especiales. Ha sido un gran apoyo. Recuerdo con cariño las horas jugando a cartas, al chinchón y a las jotas durante mi primer ingreso. Nos pasábamos horas y horas jugando y «discutiendo» por ver quién se había sumado más puntos.

Desde muy pequeña he envidiado la gracia, alegría, despreocupación y empatía de Álvaro. Me encantaba cuando llegaba cargado de materiales para hacer manualidades o pulseras. Nos lo pasábamos pipa pintando, recortando telas, diseñando colgantes y me chiflaba cuando, disimuladamente, me dejaba esas cartas en la mesilla llenas de optimismo y ánimo. Una de sus frases que más me gusta es: «Las cosas de palacio van despacio». Es verdad, esto no es fácil, es un proceso muy lento, pero estos pequeños detalles hacen que tires hacia delante y consigas dejar atrás esta enfermedad.

Con Cris llega el turno del torbellino de la familia, ¡qué mujer! Cada día nos sorprende con sus pequeñas locuras y sus divertidas excentricidades. Un ejemplo de su efervescente personalidad es lo que me tenía preparado la primera vez que me dejaron salir unas horas después de varias semanas ingresada. Yo lo que quería era ir a mi casa, rodearme de mis cosas, sentarme en el jardín a tomar el sol y simplemente estar en casa. Pero como era de esperar, Cris se traía algo entre manos. Al entrar en casa noté un olor fresco y suave que nos envolvió. Cris nos llevó al salón, donde nos había preparado a mi madre y a mí un auténtico spa casero. Hubo de todo, tónico facial, pintauñas, mascarilla, pepinos en los ojos, masaje facial... Todo lo necesario para hacer de ese par de horas de libertad uno de los recuerdos más entrañables de aquel horrible verano.

Por último y no menos importante, Gonza. Qué decir de semejante bloque humano. Me encantaba cuando venías a verme, cogías el cuaderno de pintura y empezabas a diseñar grafitis (cada cual más macarra, sinceramente) con mi nombre o frases motivadoras. O cuando cambiabas de canal y acabábamos viendo lo que más te gustaba a ti o ponías la música a tope y mamá te decía: «¡Gonzalo, que estamos en una clínica, esto no es una discoteca, baja el volumen!». ¡Me encanta!

En fin, chicos, no sé qué habría hecho sin vosotros. Cada día tenéis algo nuevo con lo que sorprenderme y doy gracias a Dios por estos cuatro fantásticos, estos cuatro pilares donde apoyarme. No os cambiaría por nada del mundo. ¡Gracias!

A ti: mi anorexia

Mi querida —o no tan querida— anorexia:

Ya son varios años juntas..., y menudos años. Admito que al principio te cogí hasta cariño. Pasamos «buenos» momento juntas: cuando me subía a la báscula y había perdido peso, cuando tiraba los batidos por el fregadero, cuando me mataba a abdominales y flexiones, cuando deje atrás la talla 38, cuando perdimos juntas la menstruación, cuando las excusas y mentiras a mis padres salían como esperábamos, cuando mis familiares y amigas me decían lo guapa que estaba... Me diste seguridad, confianza, autoestima y una talla 36, me lo diste ¡todo! O eso me hiciste creer. Pero al cabo de un tiempo junto a ti me sentí sola, incomprendida, obesa, gorda. Deseé no despertar de esta pesadilla, morirme, dejar atrás a mis amigas, mi familia, mi fe, mis estudios, mis gustos, mis aficiones, dejarlo todo con tal de no engordar ni un gramo más.

Ahora he conseguido dejar atrás dos ingresos, cientos de horas de terapia, batidos hipercalóricos, medicación, laxantes, vómitos, ejercicio a escondidas, mentiras y agobios. He vuelto a querer vivir, a sentirme querida con independencia de mi talla de pantalón, he dejado de llorar por tener que comerme el pan en la comida, he vuelto a sonreír, he vuelto a ser feliz, ¡he vuelto!

Quizá haya gente que no lo entienda, que piense que estoy loca, pero a pesar de todo tengo que agradecerte un par de cosas. Gracias al sufrimiento que mi familia y yo hemos pasado, ahora estamos más unidos y he aprendido a valorar lo que antes me parecía insignificante: las comidas familiares, una caricia de mi madre, los benditos masajes de mi padre en los pies, las fiestas con mis amigas... Y todo esto me ha ayudado a crecer como persona, a valorarme, a quererme y a reencontrarme con mi gente y con Dios. Muy a mi pesar, ¡gracias!

Pero ya va siendo hora de poner punto y final. Amiga mía, te aseguro que aún quedan obstáculos por superar, pero confío plenamente en que llegará un día en que deje de ser tu «princesa de cristal».

Quien ríe último, ríe mejor.

La emoción del cierre

AZUCENA

Cada vez que los psicólogos y psiquiatras cerramos un proceso de tratamiento por cualquier motivo (depresión, ansiedad, déficit de atención, abuso de sustancias, fobias, etc.), sentimos una enorme satisfacción. Ver que después de meses o años de mucho esfuerzo, aprendizaje y tiempo compartido, la persona a la que despides tiene más fuerza para seguir adelante en la vida es enormemente gratificante. Diría que es una de tantas sensaciones que no se pueden describir con palabras. Da sentido a nuestro trabajo y compensa nuestras frustraciones y días malos.

En los casos de las ANitas, estas despedidas cobran otra dimensión. Desconozco si ellas y sus familias lo aprecian, pero si tengo la mirada más baja ese día es para ocultar mi emoción. Creo que en todos estos casos de despedida por buena evolución he tenido que esforzarme para contener una lágrima. En cada una de esas ocasiones no puedo reprimir mi deseo inmediato de salir corriendo a compartir con las enfermeras y auxiliares que las han visto también crecer por dentro y por fuera, ese orgullo profesional y personal: «Le he dado el alta». Todas ellas ocupan un hueco en mi corazón. De todas ellas y de sus familias aprendo una lección de vida: de todo se sale.

Vuelve cuando quieras

Llevaba meses estable, la cosa iba bien, mi cabecita no daba tantas vueltas a cada bocado que tomaba. Dejé de hacer deporte por el simple hecho de quemar calorías. Dejé de mover las piernas cual obsesa con tal de adelgazar (¿te acuerdas, papá?). Dejé de inspeccionar mis muslos y mi tripa cada vez que me desvestía e incluso dejó de importarme el grosor de mi muñeca. De vez en cuando echaba la vista atrás y me resultaba imposible creer que verdaderamente había pasado por una enfermedad como la anorexia. Me costaba creer cómo había sido capaz, durante tantos años, de destrozar poco a poco mi cuerpo, con ejercicio a escondidas, largas horas sin comer, vómitos, laxantes... Y fue entonces cuando me paré a pensar y me dije a mí misma: «Ana, tú ya no haces nada de eso, tú ya no le tienes miedo a la talla del pantalón, a ti te da igual si hoy te comes una hamburguesa o no...». Y de pronto se te pasa por un segundo la idea de que la anorexia ha podido desaparecer... Entonces..., si no hay enfermedad..., ¿qué necesidad hay de ir al médico o de seguir un tratamiento?

Decidí comentárselo a la psicóloga. Os voy a ser sincera, mi cabeza no dejaba de darle vueltas al asunto. Años atrás también quise dejar el tratamiento, pero porque negaba mi enfermedad. Sé que en aquel entonces era mi enfermedad la que hablaba por mí, pero no sé por qué, ahora también tenía miedo: ¿y si era mi enfermedad la que hablaba? ¿Y si no estaba del todo recuperada? Tras la consulta con la psicóloga aún no había tomado ninguna decisión, ella me recomendó pensarlo bien, hablarlo con mis padres y dedicarle tiempo al asunto. Y eso hice... Bueno, no todo. Lo medité mucho, hablé con amigos y recé, pero no me atrevía a hablar con mis padres por miedo a que se asustaran o pensasen que se avecinaba una recaída o qué sé yo...

Llegó entonces el día de la consulta. Les pedí a mis padres que me acompañasen, aunque seguía sin tener ni idea de qué decisión tomar. Estaba nerviosa y asustada, tenía miedo de que, si la respuesta de la psiquiatra era un «sí, puedes dejar el tratamiento», recayese. Me aferraba a ellos, la idea de perder ese apoyo que durante tantos años necesité me daba miedo. Pero al comenzar a hablar con la médico y ver que, efectivamente, yo estaba recuperada, me sentí aliviada: saber que no es que pudiese dejar el tratamiento sino que ya no necesitaba tratamiento, fue una sensación alucinante. Creo que fue de las primeras consultas en las que verdaderamente las palabras comida, peso, talla, laxantes, restricción pasaron por completo a segundo plano. Fue entonces cuando la psiquiatra me dijo: «Ana, tú ya NO TIENES ANOREXIA, estás curada, ya puedes decir con la cabeza bien alta que TUVISTE ANOREXIA y que has salido de ella».

PUM. Se te para el corazón por completo. No crees de verdad que la médico que durante tantos años parecía estar en tu contra y parecía que lo único que quería era cebarte a comer, te diga que se acabó, que lo has conseguido. No se puede expresar con palabras lo que sentí en ese momento: ¡ya está, sí se puede! Sí puedes y lo sabes, puedes salir de esta. Mis padres no tardaron en entrar a la consulta y efectivamente la noticia a ellos también les sorprendió, aunque quizás no tanto porque ellos confiaban más en mí y en mi recuperación que yo misma. Acordamos seguir manteniendo alguna consulta en psiquiatría, pero únicamente como «colchón» para asegurarnos de que todo seguía viento en popa. Respecto a las sesiones de psicoterapia me propusieron acudir a ellas en el caso de que me viese envuelta en una situación que me pudiera poner en peligro, pero yo ya no necesitaba un equipo médico a mi vera, yo ya estaba curada.

No obstante, sé que un alcohólico que se recupera de su enfermedad tiene riesgos de recaer si no se cuida, si se expone a situaciones que puedan incitarle a recaer. En mi caso creo y espero firmemente que eso no ocurra, sé que los laxantes, los vómitos, los aperitivillos *light* o *healthy*, o insistir en embutirme en una 36 me llevarían por la calle de la amargura. Ahora es el momento de vivir, de disfrutar, de dejarse llevar por lo que uno ama y cree y de tener bien, bien claro «QUE LA VIDA NO ESTÁ HECHA PARA CONTAR CALORÍAS».

Ignacio

Hoy ha sido el día. En el último año Ana tenía cita con la psicóloga cada uno o dos meses. Eran sesiones de psicoterapia. Las consultas con la médico psiquiatra también eran cada vez menos frecuentes, la última hace tres meses. Iba sola, ya no hacía falta que la acompañáramos nosotros. Cada vez la veíamos mucho mejor, ningún síntoma en las comidas, incluso algunos pequeños caprichos. Hace meses que ya no tiene esa manía de mover las piernas sin parar, ¿recuerdas? Pero hoy nos ha pedido que la acompañáramos. Tenía cita con la médico. Ha estado un buen rato a solas con ella. Tanto que, durante la espera, mi mujer me ha comentado: «Igual pasa algo, ¿igual nos hemos relajado demasiado?». Al cabo de un rato nos han llamado para entrar nosotros también. La doctora le ha dicho a Ana: «Cuéntales tú lo que hemos hablado».

En los últimos meses Ana estaba agobiada porque cada vez le veía menos sentido a las sesiones de psicoterapia. Ahora tiene ya 18 años, con las preocupaciones típicas de una chica de su edad, pero quizá no sean como para ir a psiquiatría y tener sesiones con una psicóloga. Lo que nos quiere decir es que cree que ya no hace falta venir a psiquiatría, pero teme preocuparnos y que le insistamos que sí, que debe continuar viniendo a la clínica regularmente. Hace años tampoco quería ir al médico, pero tanto el equipo médico como nosotros la convencimos. Ahora, ella misma se da cuenta de que no lo necesita y, para su sorpresa, el mensaje de la doctora ha sido: «Vuelve cuando quieras».

Ya está. Se acabó. El trastorno de la conducta alimentaria es el pasado. Ahora aflora la verdadera Ana, cariñosa, trabajadora, sigue siendo perfeccionista, a veces se agobia por los problemas o dificultades, la que se preocupa por los demás, la que quiere comerse el mundo, la de los sueños, la del futuro. Ahora toca seguir conociéndote a ti misma y madurar. Ya no necesitas la ayuda de un equipo médico.

Ahora, como todos, necesitas el amor de los que te quieren. Cada vez que entres en una habitación de la clínica, cada vez que en clase oigas hablar de trastornos de la conducta alimentaria te dará un vuelco el corazón, se te humedecerán los ojos porque recordarás lo sufrido, pero no olvides nunca que has vencido. Recuerda aquella vieja historia de un pobre pajarillo que un día lo arrebata un águila —lo tomó equivocadamente por una cría de su raza— y, entre sus garras poderosas, el pajarillo sube, sube muy alto, por encima de las montañas de la tierra y de los picos de nieve, por encima de las nubes blancas y azules y rosas, más arriba aún, hasta mirar de frente al sol... Y entonces el águila, soltando al pajarillo, le dice: ¡Vuela!

Adiós, anorexia, adiós.

APÉNDICE

Libros recomendados

ÁLVAREZ, Nieves (2001). *Yo vencí a la anorexia.* **Editorial Temas de hoy.** Se trata de un libro de autorevelación de la famosa modelo española, que ayuda a comprender los mecanismos de la anorexia. Mediante este testimonio valeroso, Nieves expone su lucha personal contra esta grave enfermedad. Pretende aportar esperanza a las adolescentes que la padecen y sus familias, y concienciar a cualquier lector sobre la importancia de su prevención.

BRUCH, Hilde (2018). *La jaula dorada. El enigma de la Anorexia nerviosa.* **Editorial Paidós,** 8ª Ed. Libro clásico y obra maestra, describe los mecanismos psicológicos de la anorexia con exquisito detalle y rigor. Breve, aunque muy detallado. De lectura imprescindible para los terapeutas, puede resultar complejo para lectores no versados en el tema, o adolescentes.

MENÉNDEZ, Isabel (2007). *La alimentación emocional.* **Editorial Grijalbo.** Explica la relación entre los sentimientos y la alimentación, cómo interfieren los diferentes estados emocionales en la regulación del apetito. Escrito en términos psicoanalíticos, resulta práctico para entender por qué podemos tener apetito voraz, inapetencia, o nos resulta difícil ganar o perder peso. Se encuentra disponible gratuito en libro electrónico en Internet.

RAICH, Rosa María (2017). *Anorexia, bulimia y otros trastornos alimentarios.* **Editorial Pirámide.** Tratado que revisa la evidencia científica acerca de los trastornos de la conducta alimentaria: a quiénes afecta, los mecanismos que los producen, sus características y los principales tratamientos. Versión muy actualizada, ya que existe una versión previa de 2001. Principalmente orientado a terapeutas, pero puede resultar de lectura fácil para otros lectores.

SÁNCHEZ, Clara (2013). *El cielo ha vuelto*. **Editorial Planeta, Premio Planeta 2013.** Novela de intriga entretenida, de fácil lectura, que describe con crudeza la vida de una modelo de pasarela, sus costumbres, sus ayunos antes de los desfiles, trucos para que pasen inadvertidos y la presión a la que se ven sometidas. Basada en hechos reales.

TORO, Josep y ARTIGAS, Mónica (2013). *Vencer la anorexia*. **Editorial Plataforma.** Incluye varios testimonios de varios adolescentes con trastornos de la conducta alimentaria, muy reflexivo. Escrito por el Dr. Toro, psiquiatra de la infancia y adolescencia, pionero en España y con una gran trayectoria en la descripción y tratamiento de esta patología.

Recursos online y páginas web

Asociación Contra la Anorexia y la Bulimia: http://www.acab.org/es

Fundación Imagen y Autoestima: http://www.f-ima.org/es

Guía de Práctica Clínica sobre Trastornos de la Conducta Alimentaria. Dirigida a profesionales para detectar o tratar a pacientes con trastornos de la conducta alimentaria: http://www.guiasalud.es/GPC/GPC_440_Tt_Conduc_Alim_compl_(4_jun).pdf

Guía de recursos para el tratamiento de los trastornos del comportamiento alimentario. Instituto de Nutrición y Trastornos Alimentarios de la Consejería de Sanidad de la Comunidad de Madrid (INUTCAM). Guía dirigida a familiares de personas con trastornos alimentarios. https://consaludmental.org/publicaciones/Guiarecursostrastornoalimentario.pdf

Los beneficios de esta obra irán destinados a la AEETCA (Asociación Española para el Estudio de los Trastornos de la Conducta Alimentaria).

616.85262 REC Spanish
Recalde, Ana Lopez.
Princesas de cristal

06/24/20